gebirge
Frankenwald
Naturpark
Kronach
Münchberg
Vogtland
Lichtenfels
KULMBACH
Fichtel
gebirge
Fichtel
gebirge
Naturpark
BAYREUTH
Steinwald
Fränkische
Alb
Fränkische
Schweiz
Schweiz
Naturpark
Nördlicher
Oberpfälzer
Wald
Pegnitz
FORCHHEIM
Veldensteiner
Forst
Veldensteiner
Forst
Truppenübungsplatz
Grafenwöhr
ERLANGEN
Sebalder
Reichswald
LAUF
Hersbruck
Sulzbach-Rosenberg
AMBERG
Lorenzer
NÜRNBERG
Reichs
wald
Altdorf
Feucht
Hirsch
wald
Alb

Franken

Spaziergänge durch das Franken der Literaten und Künstler
Erlaufen von Thomas Kraft und Klaus Gasseleder für die Arche

Inhalt

Frontispiz: Nürnberg, Spielzeugmuseum, Karlstr. 13. Historische Aufnahme

Umschlag: Max Bartholl,
b3K Hamburg-Frankfurt a. M.
Umschlagfoto: © Getty Images/Heinz Wohner
Satz und Lithos: Repro Studio Kroke, Hamburg
Karten: MAIRDUMONT
Druck und Bindung:
Klingenberg Buchkunst, Leipzig
Printed in Germany
ISBN 978-3-7160-3601-3

Ins Land der Franken fahren

»Bücher lesen heißt Wandern gehen in ferne Welten, aus den Stuben, über die Sterne.« Dieser Satz ist nur einer von vielen wunderbaren des großen Jean Paul, aber er charakterisiert in zweifacher Hinsicht das Anliegen dieses literarischen Reiseführers. Denn dieser will aus den »Stuben« herauslocken und alle Literaturinteressierten auf Spurensuche in die fränkischen Fluren und Ortschaften schicken, aber natürlich auch über das Gehen und Wandern im Stifterschen Sinne den Leser, die Leserin in die Landschaft so einbinden, dass die Dinge dabei selbst zu Wort kommen werden. Und wenn diese so wahrgenommen würden, dass ein Anreiz entstünde, zu den Texten der hier vorgestellten Autorinnen und Autoren zu greifen, wäre das eine wünschenswerte Nebenerscheinung. Doch was heißt das, in Franken, diesem großflächigen Gebiet im nördlichen Bayern, auf den Spuren der Dichter und, wo sich Wege kreuzen, auch der Künstler zu reisen und ihre Lebensorte und Arbeitsstätten kennenzulernen? Es bedeutet zuerst einmal das Eintauchen in eine mittelalterliche und frühneuzeitliche Welt mit Minne- und Meistersang von Walther von der Vogelweide bis zu Hans Sachs, mit weltweit bekannten Künstlern wie Albrecht Dürer, Lucas Cranach, Mathias Grünewald und Dichtern wie Wolfram von Eschenbach, Hugo von Trimberg und dem Verfasser des »Till Eulenspiegel«, wie wir sie vor allem in Nürnberg und in Würzburg finden. Das schöne Frankenland war aber auch Ziel, ja geradezu Wallfahrtsort der Romantiker, die in der Fränkischen Schweiz und im Fichtelgebirge durch die reine Anschauung der Natur die Versöhnung mit der Schöpfung suchten und in den verwunschenen Gassen der Altstadt von Bamberg in eine Gespenster- und Märchenwelt eintauchen konnten, die ihnen Vorbild und Inspiration für ihre eigenen Texte war. Ob die in Franken geborenen Autoren Friedrich Rückert und Jean Paul, die Erlanger Studenten Ludwig Tieck und Wilhelm Heinrich Wackenroder, ob die Durchreisenden oder zeitweilig hier Sesshaften Caroline und August Wilhelm Schlegel, Friedrich Schelling, Gotthilf Heinrich von Schubert, Eduard Mörike, E. T. A. Hoffmann, Heinrich von Kleist, Friedrich Nicolai, Hermann Hesse und natürlich Johann Wolfgang von Goethe – sie alle, die einige Stunden oder ein paar Jahre hier verbrachten, wurden in den Bann einer unvergleichlich schönen Landschaft und Architektur geschlagen und genossen die reichhaltige Palette kulinarischer Köstlichkeiten, insbesondere das fränkische Bier und den Frankenwein.

Gleichzeitig ist auf die mittlerweile fast vergessenen Dichter August von Platen und Johann Peter Uz aus Ansbach hinzuweisen, die einst zu den bedeutendsten Sonettdichtern und Anakreontikern ihrer Zeit zählten. Und dann kommen aus Franken Autoren wie Michael Georg Conrad und Oskar Panizza und Leonhard Frank,

Max Dauthendey und Max Mohr, Bernhard Kellermann und Ernst Penzoldt, Karl Bröger und Adam Scharrer, Leo Weismantel und Felix Fechenbach und nicht zuletzt Jakob Wassermann, die für die literarische Moderne zu Beginn des 20. Jahrhunderts zum Teil Wegweisendes geleistet haben. Die meisten von ihnen sind kaum mehr bekannt, auch wenn sie zu Lebzeiten, wie zum Beispiel Bernhard Kellermann mit seinem Roman *Der Tunnel* (1913) oder Jakob Wassermann mit seinen Romanen über *Caspar Hauser oder Die Trägheit des Herzens* (1908) und den *Fall Maurizius* (1928), hohe Auflagen erzielten und im gleichen Atemzug mit Thomas Mann und Hermann Hesse genannt wurden. Doch sie alle sind es wert, wiederentdeckt zu werden, und selbst bei einem der größten deutschen Dichter, bei Jean Paul, wünschte man sich, im Zuge gelegentlicher Renaissancen, eine tiefere Verankerung seiner Satiren in der deutschen Literaturlandschaft und im allgemeinen Bewusstsein.

Zwischen Aschaffenburg im Westen und Hof im Osten, zwischen Rhön und Thüringer Wald im Norden und dem Altmühltal im Süden erstreckt sich eine überaus reizvolle, abwechslungsreiche Landschaft, die vom Tourismus längst entdeckt ist und fast flächendeckend genutzt wird. Das liebliche Mainfranken mit seinen Weinbergen, die Bamberger Altstadt als Weltkulturerbe der UNESCO, die Würzburger Residenz, die Bayreuther Wagner-Festspiele am Grünen Hügel, das mittelalterliche Ambiente Nürnbergs mit seinem berühmten Christkindlesmarkt, die Romantische Straße durch Rothenburg ob der Tauber, Dinkelsbühl und Feuchtwangen – das sind nur die markantesten Attraktionen, mit denen Franken aufwartet. Neben den unzähligen Schlössern und Burgen, die überall zu finden sind im hügeligen Land, sind es die vielen kleinen Städte und Ortschaften, die mit ihrer Gastlichkeit die Menschen und natürlich auch schon immer die Literaten und Künstler angelockt haben. Bis heute haben reisende Autoren wie Wolfgang Koeppen, Cees Nooteboom und Horst Krüger die Mentalität der Franken und ihren Sinn für Kultur und Kulinarisches zu schätzen und in vielen Reiseberichten zu würdigen gewusst.

Wir möchten Sie dazu einladen, uns auf unserer Rundreise durch Franken zu begleiten. Zwangsläufig werden wir nicht alle Schriftsteller, die jemals ihren Fuß auf fränkischen Boden gesetzt haben, bei unserer Tour berücksichtigen können. Manch einer mag Namen wie Brentano, Schnack oder Adorno vermissen, aber im Dienste einer gewissen Praktikabilität konzentrieren wir uns auf die drei Städte Würzburg, Bamberg und Nürnberg, die jeweils auch einen Regierungsbezirk repräsentieren, und bieten, neben den Stadtrundgängen, von dort aus jeweils Ausflüge an. Diese Routen muss man mit dem Auto bewältigen, innerhalb der Städte und Dörfer kann man die Rundgänge zu Fuß in einem zumutbaren Zeitrahmen absolvieren. Nicht immer sind die historischen Gebäude noch vorhanden, zuweilen befinden sie sich in Privatbesitz und sind nicht oder nur mit Voranmeldung zugänglich. Wir haben uns auf die Wohnhäuser und Arbeitsplätze konzentriert und aus Platzgründen literarische oder historische Schauplätze vernachlässigt.

»Franken ist ein gesegnetes Land«, sagt Maria, die Schwester des Titelhelden, in Goethes *Götz von Berlichingen* (1773). Diesem von tiefer Einsicht geprägten Satz kann man sich nur anschließen. Und in diesem Sinne ist allen Reisenden, seien sie fremd oder einheimisch, die beglückende Begegnung mit den Literaten und Künstlern Frankens, ihren Orten und ihren Texten inmitten einer wunderschönen Landschaft zu wünschen.

Würzburg, die älteste der fränkischen Bischofsstädte, seit dem 15. Jahrhundert Universitätsstadt, hat vor allem im geistigen Leben des Mittelalters und der frühen Neuzeit eine bedeutende Rolle gespielt. Später schränkte ein in manchen Epochen eng ausgelegter Katholizismus bei gleichzeitiger Schwäche des Bürgertums das kulturelle Leben in der Stadt ein, so dass es ein halbes Jahrtausend dauerte, bis Würzburg wieder namhafte Schriftsteller hervorbringen konnte. Denken wir nur an Max Dauthendey, Leonhard Frank, Jehuda Amichai, Max Mohr und Felix Fechenbach, so fällt dabei auf, dass diese in Würzburg geborenen Autoren des ausgehenden 19. und des 20. Jahrhunderts alle aus zugereisten nichtkatholischen Familien stammten.

Was das literarische Leben betrifft, so teilte die Stadt insofern das Schicksal mancher Residenzen, als dass dort Schriftsteller zwar geboren wurden und auch häufig die Stadt besuchten, jedoch selten über längere Zeit dort wohnten. Hermann Hesse zum Beispiel, der 1928 nur für einen Tag in Würzburg weilte, stand mit seiner Einschätzung so auch im Gegensatz zu manch heimischem Autor: »Wenn ich ein zukünftiger Dichter und gerade mit der Wahl meines Geburtsortes beschäftigt wäre, dann würde ich die Stadt Würzburg am Main sehr mit in Erwägung ziehen. Diese schöne Stadt macht durchaus den Eindruck, als habe sie einem dort geborenen Dichter etwas mitzugeben.«

Hier geborene und aufgewachsene Autoren sahen es jedoch ganz anders. Max Dauthendey, Ende des 19. Jahrhunderts gerade vom Geist der »Moderne« infiziert, erlebte, dass Bürger auf der Straße den von ihm verehrten Schriftsteller Emile Zola ein »Schwein« nannten, dass man in einer Buchhandlung weder den Titel *Also sprach Zarathustra*, der damals in aller Munde war, noch den Namen des Verfassers, Friedrich Nietzsche, kannte und allgemein weitab vom Zeitgeist lebte: »In der Privatier- und Universitätsstadt Würzburg sah man nicht das Elend und den Haß der Armen gegen die Reichen, der in Fabrik- und in Bergwerksgegenden damals zuerst aufschrie. Denn die Kaufmanns- und Rentierbevölkerung, die Beamten, Professoren und Offiziere, dazu die unbekümmerte Studentenschaft gaben dem Stadtbild, bei Weinbergen und altersgrauen Kirchen, den Frieden einer Lämmerherde.« Noch unfreundlicher ging Leonhard Frank mit seiner Geburtsstadt – und diese mit ihm – um. Er fasste deren Charakter in seinem preisgekrönten Roman *Die Räuberbande* (1914) mit einem kurzen Satz zusammen: »Es roch nach Wasser, Teer und Weihrauch.« Dass Frank auch noch nach seiner Rückkehr aus der Emigration in seinem anderen Würzburg-Roman, *Die Jünger Jesu*

(1949), wenig Erbauliches über die Stadt schrieb, trug ebenso zu seiner Missachtung in seiner Vaterstadt bei wie Franks »linke« politische Haltung. Frank war kein Einzelfall in jener Zeit. Auch der katholische Pädagoge und Schriftsteller Leo Weismantel, der über die Zerstörung seiner Heimatstadt ein beeindruckendes *Requiem* verfasst hat, wurde 1954 von einer Veranstaltung zum 150-jährigen Bestehen des Stadttheaters wieder ausgeladen, weil er kurz zuvor an einem Schriftstellertreffen auf der Wartburg, damals noch in der DDR gelegen, teilgenommen hatte.

Mittlerweile haben sich die Zeiten geändert, ein liberalerer Geist ist in Universität und Stadt eingezogen. Doch ein Ort, an dem ein literarisches Leben blüht, ist Würzburg trotz seiner anmutigen Lage und seiner gemütlichen Gastlichkeit nicht mehr geworden.

Wer durch das heutige Würzburg geht, kann nur noch an wenigen Stellen die einstige Prachtentfaltung der fürstbischöflichen Stadt nachempfinden, wie sie Dichter und Künstler immer wieder gepriesen haben, denn man wird die meisten der »Dichterhäuser« nicht mehr im originalen Zustand auffinden können. Der nicht einmal eine halbe Stunde währende Bombenangriff am Abend des 16. März 1945 hat die Stadt nahezu völlig in Schutt und Asche gelegt, darunter auch viele für die Literaturgeschichte der Stadt bedeutende Gebäude.

Alte Mainbrücke, Würzburg. Historische Postkarte

I.
Spaziergänge durch Würzburg

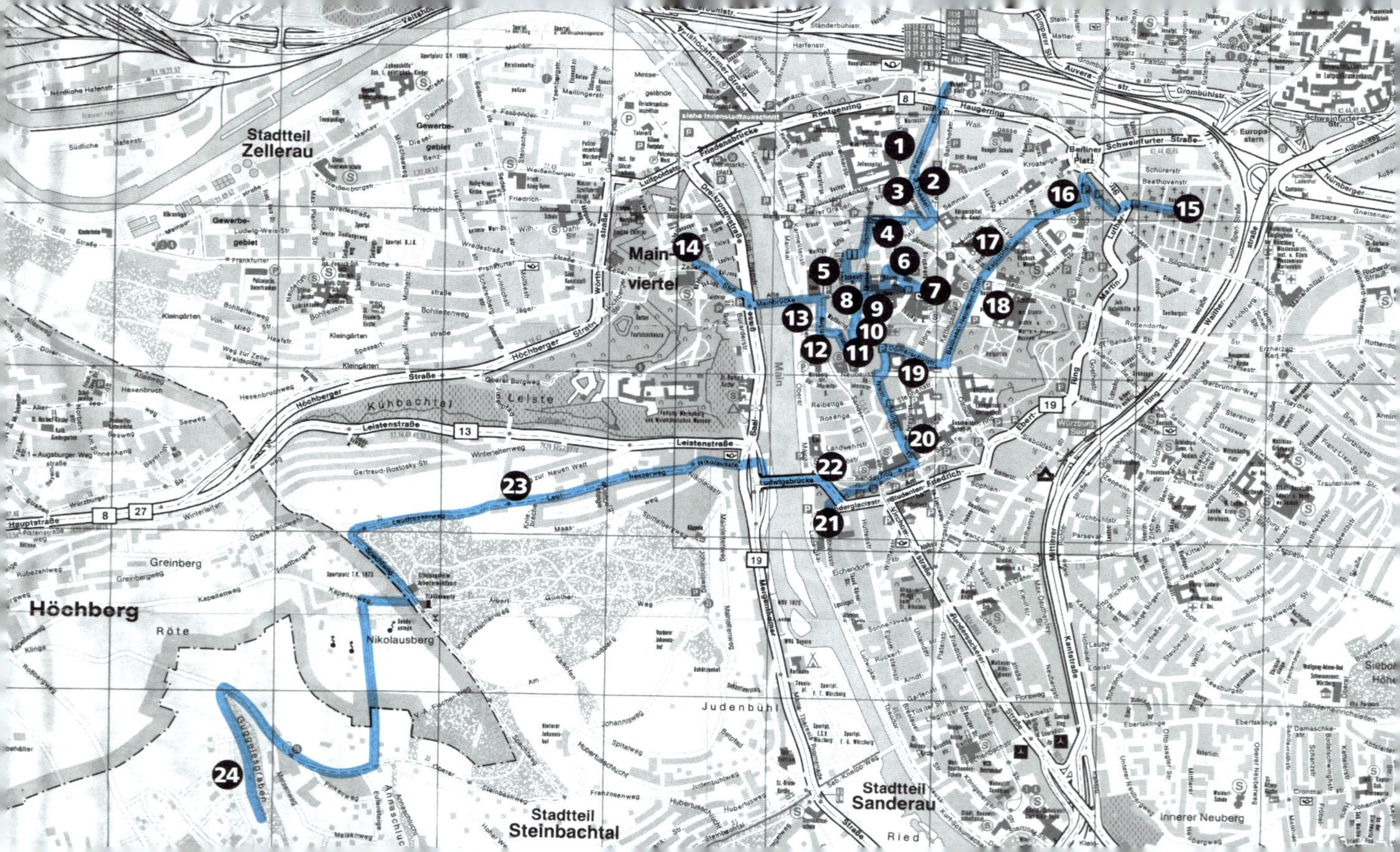

Stadtteil Zellerau
Höchberg
Main-viertel
Main
Stadtteil Steinbachtal
Stadtteil Sanderau
Judenbühl
Nikolausberg

Würzburg, Kaiserstraße (li.). Max Dauthendey, Selbstbildnis (re.)

Vom Hauptbahnhof aus gehen wir in die Kaiserstraße, die moderne Prachtstraße Würzburgs im 19. Jahrhundert. Auf der rechten Straßenseite erreichen wir das Haus Nummer 9, einen Neubau.

Innenstadt und Mainviertel

1 Ehemaliges Wohnhaus der Familie Dauthendey Kaiserstraße 9

In einem Gebäude, das an dieser Stelle bis zur Bombennacht im März 1945 stand, lebte der am 25. Juli 1867 in Würzburg geborene Max Dauthendey 1876–1886 (vgl. S. 17, 21 f., 24, 30, 31 f., 33 f.). Hier hatte sein technikbegeisterter Vater – die Eltern waren 1864 aus St. Petersburg zugezogen – ein »Photographisches Geschäft«, in dem Sohn Max kurzzeitig und nur widerwillig mitarbeitete. 1886 begann der eher verträumte Junge ein ausgedehntes Wanderleben, zunächst in Deutschland, dann zog es ihn 1889 in die Schweiz und nach Russland. Er entschloss sich 1891, nach einer heftigen Auseinandersetzung mit dem Vater, den Dichterberuf zu ergreifen, und konnte bald erste Erfolge verzeichnen. Nunmehr führten ihn seine Reisen in die europäischen Metropolen Paris, London, Stockholm, St. Petersburg, Neapel, Florenz und Athen. Auch nach seiner Heirat mit der Schwedin Annie Johanson behielt er seine ausgedehnte Reisetätigkeit bei, besuchte Länder wie Mexiko und die USA, kehrte aber immer wieder nach Würzburg zurück. Die Fremde schien in ihm geradezu die Sehnsucht nach der Heimat zu wecken: »Kaum hatte ich im Golf von Mexiko in Vera Cruz nach einer Seereise das tropische Festland unter den Füßen, kaum sah ich die ersten Kokospalmen in einem Baumgang der kleinen Hafenstadt, da wurde mir mit einem Schlage klar: hier werde ich nie ein deutsches Lied schreiben. Glaubst du denn, daß ich ohne Singvögel, ohne Rotkehlchen, ohne Finken und Stare, ohne Lerchen dichten kann?«

1905 trat er eine erste Weltreise an, die ihn über Ägypten nach Indien,

Der »Russische Hof«, um 1910

Ceylon, China, Japan und Hawaii führte. Erst danach folgte eine Phase längerer, nur von kurzen Reisen unterbrochener Sesshaftigkeit in Würzburg, schließlich sogar der Bau eines Hauses. Doch schon 1914 zog es ihn wieder in die Ferne, noch einmal wollte er Ostasien bereisen. Auf Java ereilte ihn die Meldung vom Kriegsbeginn, er wurde interniert und durfte nicht mehr zurückkehren. Er verzehrte sich in Heimweh und verstarb dann, fieberkrank, 1918 in Malang auf Java. Sein Werk, das heute nur mehr wenig gelesen wird, besteht aus Reiseromanen, impressionistischen Erzählungen, zahlreichen Gedichten und Dramen.

Am Ende der Kaiserstraße erreichen wir den Barbarossaplatz. An der Ecke schräg gegenüber stand einst eines der berühmtesten und vornehmsten Hotels der Stadt.

2 Ehemaliger »Fränkischer Hof« Später »Russischer Hof« Logis von Heinrich von Kleist Theaterstraße 1

Im »Fränkischen Hof«, später »Russischer Hof«, nahm im September 1800 unter dem Namen Klingstedt der angehende Dichter Heinrich von Kleist (1777–1811) mit seinem Freund Ludwig von Brockes Quartier. Warum Kleist damals nach Würzburg reiste, ist bis heute im Dunkeln geblieben. Aus manchen Bemerkungen glauben Forscher entnehmen zu können, Kleist habe sich in Würzburg einem medizinischen Eingriff unterzogen, der ihn »ehetauglich« machen sollte. Andere gehen davon aus, dass er in geheimer Mission unterwegs war, etwa um im preußischen Auftrag Industriespionage zu betreiben. Einer neueren, ebenso unbewiesenen Theorie zufolge hatte Kleist ein neues System für Glücksspiele entwickelt und wollte es hier ausprobieren, und letztlich dürfen auch die immer wieder angenommenen Verbindungen zu Freimaurerlogen bei diesen Spekulationen nicht fehlen. Von hier zog Kleist an den Schmalzmarkt (vgl. S. 15).

Leo Weismantel

Wir gehen ein paar Schritte in die Theaterstraße hinein. Dabei folgen wir den Spuren Max Dauthendeys: »Aus der neumodischen Kaiserstraße, in der wir wohnten und die das geschäftstätige neunzehnte Jahrhundert in ihren Häusergesichtern zeigte, kamen wir in die Theaterstraße, in welcher die Rokokobauten vorherrschten. Und wir wandelten an den reizvollen geschweiften Türen und Treppen des achtzehnten Jahrhunderts entlang.« Eines dieser Gebäude auf der rechten Seite ist das Haus Nummer 4.

3 Auvera-Haus Wohnhaus von Leo Weismantel Theaterstraße 4

Dieses Haus, von Balthasar Neumann 1746 für den Bildhauer Lucas van der Auvera erbaut – von ihm stammt auch die prächtige Madonna über dem Eingangsportal –, wurde in der Bombennacht des 16. März 1945 stark zerstört, aber bereits in den ersten Nachkriegsjahren rekonstruiert. Hier wohnte der Schriftsteller und Pädagoge Leo Weismantel, der aufgrund von Augenzeugenberichten von dieser Nacht eine ergreifende *Totenklage* verfasst hat: »Siehst du das einsam gewordene Haus inmitten der Stadt, einst eine Zierde der Straße, in der es stand und von dem berühmtesten Meister der Stadt gebaut? Siehst du das blumenhaft zierliche Bild der Madonna noch über dem Portal?«

Leo Weismantel (1888–1964) wurde im kleinen Dorf Obersinn in der Rhön geboren, studierte in Würzburg, arbeitete dann 1915–1919 als Lehrer, schloss sich im Geiste der reformerischen Jugendbewegung dem Patmos-Kreis an, wurde 1920 Mitbegründer des Patmos-Verlags und siedelte im gleichen Jahr nach Marktbreit über. 1924–1928 war er Abgeordneter der kleinen christlich-sozialen Volkspartei im bayerischen Landtag. 1928 gründete er eine internationale reformpädagogische Forschungsgemeinschaft, die er »Schule der Volkschaft« nannte (vgl. S. 39). 1939 erfolgte seine Inhaftierung aus politischen Gründen, 1942 ein Veröffentlichungsverbot, 1944 eine zweite Inhaftierung. Nach dem Krieg wurde der katholische Pädagoge als Organisator des demokratischen Schulwesens eingesetzt. Er wandte sich gegen die Konfessionsschule, die Aufrüstung der Bundeswehr und deren atomare Bewaffnung. Neben seiner pädagogischen entfaltete Weisman-tel eine rege literarische Tätigkeit, verfasste historische Romane, Künstlerbiographien, geschichtliche Heimatromane, Theaterstücke und Puppenspiele (vgl. S. 39).

Wir gehen weiter stadtauswärts, biegen rechts in die Eichhornstraße und gleich darauf rechts in die Oberthürstraße ein. Nach ein paar Metern wenden wir uns nach links in die Kolpingstraße, folgen dieser in einer Linkskurve und kommen in die Dominikanergasse. Auf der linken Seite finden wir den ehemaligen Hof zum Großen Löwen.

4 Der Große Löwenhof (Hof zum Großen Löwen) Dominikanergasse 6

Der »Große Löwenhof« diente zeitweise als Gebäude der 1402 gegründeten ersten Würzburger Universität, die nur wenige Jahre Bestand hatte. Zuvor wohnte hier der Dom-Scholaster Michael Jude, ein herausragender Sammler und Herausgeber mittelalterlicher Literatur, der sich nach dem »Löwenhof« Michael de Leone (um 1300–1355) nannte. Er versammelte in seinem *Hausbuch*, einem »Lehr und Lese-Buch für künftige Generationen«, u. a. den *Renner* des Hugo von Trimberg aus Wern bei Schweinfurt, ein ausgesprochenes Erfolgsbuch, und die Lehrdichtungen des wohl bedeutendsten deutschsprachigen Dichters des 13. Jahrhunderts, Konrad von Würzburg, der in Würzburg geboren wurde, jedoch später hauptsächlich in Basel wirkte und sich durch große Gelehrsamkeit und ein vielseitiges literarisches Werk auszeichnet.

Im 14. Jahrhundert wirkten in der Umgebung des »Löwenhofs« weitere Schriftsteller wie der Novellendichter Ruprecht von Würzburg und der so genannte »Arme Konrad«. Es entstand die anonyme allegorische Dichtung *Die Minneburg*, und Johann von Würzburg schrieb den Roman *Wilhelm von Österreich* (beendet 1314). Doch nach 1400 ist, von einigen Reiseberichten wie Ulrich von Brunners *Pilgerfahrt ins Heilige Land* (1470), Sigmund Thurners *Pilgerfahrt nach Jerusalem* und Stephan von Gumppenbergs *Pilgerreise* abgesehen, das goldene Zeitalter der Würzburger Literatur vorbei, und es dauerte fast

Konrad von Würzburg. Abbildung aus der *Manessischen Liederhandschrift*

Heinrich von Kleist, Zeichnung von Peter Friedel, 1801

500 Jahre, bis wieder Schriftsteller von Rang in Würzburg heranwuchsen.

Zwei Jahrhunderte später wohnte hier der bedeutende Historiograph Lorenz Fries, auf den auch eine Tafel über der Tür hinweist.

Wir gehen weiter bis zur Schönbornstraße und wenden uns nach links bis zum Marienplatz/Marktplatz, wo wir rechts einbiegen. Wir halten uns auf der linken Seite des Platzes und sehen vor uns ein großes gelb gestrichenes Barockgebäude, dessen andere Seite zur kleinen Straße Schmalzmarkt zeigt. An der dortigen Ecke verweist eine Tafel auf die Wohnung des Dichters Heinrich von Kleist.

5 Wohnung von Heinrich von Kleist Schmalzmarkt 3

Nachdem Heinrich von Kleist und sein Freund Brockes den vornehmen »Fränkischen Hof« (vgl. S. 12) – vor allem aus Kostengründen – verlassen hatten, nahmen sie Quartier beim Stadtchirurgen Wirth im Haus Schmalzmarkt 3. »Es ist ein Eckhaus, auf drei Seiten ganz nahe mit Häusern umgeben, die finster aussehen, wie die Köpfe, die sie bewohnen ... Unser Zimmer ist indessen ziemlich hell. Wir haben das Eckzimmer mit 4 Fenstern von zwei Seiten«, schrieb Kleist. Dem Vermieter Wirth ist seine Gastfreundschaft allerdings nicht gut bekommen. Ihm wurde von Amts wegen »das Aufnehmen zweer junger Leute ohne Quartierzettel« untersagt und für die Zukunft Strafe angedroht.

Wir gehen den Schmalzmarkt nach links und sehen vor uns die Sandsteinfassade des Neumünsters liegen. Von dort aus wenden wir uns nach rechts zum Domplatz, biegen links ab und gehen zwischen Dom und dem neuen Dommuseum hindurch. Wir passieren die Rückseite der Neumünsterkirche mit ihrer Kuppel und biegen gleich dahinter in das Lusamgärtchen ein. Dort finden wir den aus dem 12. Jahrhundert stammenden Nordflügel des Kreuzgangs eines ehemaligen Kolle-

Walther von der Vogelweide. Miniatur aus der *Großen Heidelberger Liederhandschrift*

August Graf von Platen als Student, Silberstiftzeichnung, 1820er Jahre

Würzburg, Domstraße

giatstifts, der 1952 aus dem zerstörten Luitpoldmuseum hierher zurückkehrte, und im Innenhof einen Gedenkstein.

6 Lusamgärtchen Mutmaßliche Grabstätte von Walther von der Vogelweide Kiliansplatz/Martinstraße

Im Lusamgärtchen, das früher »Grashof« hieß, soll nach Angaben Michael de Leones Walther von der Vogelweide (um 1170–um 1230), der bedeutendste deutschsprachige Minnesänger des Mittelalters, begraben worden sein: »Begraben ze Wirzburg zu dem nuwenmunster in dem grasehoue.« Vermutlich stammte der Dichter aus Südtirol, war ein fahrender Sänger, der von Burg zu Burg zog und schlecht und recht von seiner Kunst lebte. Um 1220 erhielt er von Kaiser Friedrich II. ein kleines Lehen in der Gegend um Würzburg, wohl verbunden mit einer Laienpfründe des Neumünster-Stifts, was ihm im Alter eine gewisse Sicherheit bot. Er dankte dem Herrscher mit dem Jubelgedicht *ich han min lehen* (vgl. auch S. 27).

1930 wurde von der Stadt Würzburg für das Lusamgärtchen ein Stein gestiftet mit der umlaufenden Inschrift aus dem *Renner* des Hugo von Trimberg: »Hêr Walther von der Vogelweide, Swer des vergaeze, der taete mir leide.« Auf der oberen Seite des Steines befindet sich an jeder Ecke eine Vertiefung für Vogelfutter. Das entspricht der Sage, die der württembergische Dichter Justus Kerner in seinem Gedicht *Vogelweid* erzählt. Danach hat der Minnesänger die Klosterbrüder gebeten, als Gegenleistung für sein weltliches Gut, das er ihnen vererbte, täglich Vogelfutter auf das Grab zu streuen, da er von den Vögeln den Gesang erlernt habe. Die Vögel hätten ihm zum Dank im ganzen Kreuzgang gesungen, bis eines Tages ein neuer Abt verlangt habe, man solle mit dem Brot die Hungrigen statt der Vögel speisen. Diese hätten fortan den Abt und die Mönche angeklagt, sie ihres Erbes beraubt zu haben.

Vom Ausgang des Lusamgärtchens am Kiliansplatz gehen wir ein paar Schritte geradeaus weiter, gelangen in die Hofstraße, der Begrenzung des Paradeplatzes, und dort linker Hand zum ehemaligen Domherrenhof Rannenberg.

7 Ehemaliges Harmoniegebäude Arbeitsplatz von August von Platen und Max Dauthendey Hofstraße 3

Der ehemalige Domherrenhof Rannenberg war von 1823 an im Besitz der »Harmonie«, einer Lesegesellschaft mit – gegen Ende des 19. Jahrhunderts – nahezu 1200 Mitgliedern. Sie wurde 1802 gegründet, um den »Freunden der Literatur und Kunst aus allen Ständen« Gelegenheit zu geben, Zeitungen, Journale und Zeitschriften »nicht nur auf die wohlfeilste Art zu lesen, sondern auch sich angenehm und lehrreich über das Gelesene und andere Gegenstände zu besprechen«. August von Platen war dort oft zu Besuch, ebenso Max Dauthendey, der während seiner Würzburger Jugendzeit und späterer Aufenthalte nahezu täglich im Lesesaal saß, um überregionale Zeitungen zu lesen.

Wir gehen zwischen Dom und dem neuen Dommuseum hinaus auf die Domstraße und folgen dieser Richtung Mainbrücke. Nach knapp 100 Metern kommen wir zu einem kleinen Platz, der nach dem dortigen Gasthaus auch »Sternplatz« genannt wird. An dessen unterer Seite, an der Ecke zur Domstraße, stand das Wohnhaus des Dichters August von Platen.

8 Wohnung von August von Platen Domstraße 12

In diesem Haus, das früher die Hausnummer 36 trug, lebte 1818–1819 im zweiten Stock der Dichter August Graf von Platen (1796–1835).

Er schildert in seinen Tagebüchern seine Behausung: »Mit meiner Wohnung bin ich sehr zufrieden. Ein großes helles Zimmer von sechs Fenstern erleuchtet, die sich paarweise aneinander reihen. Die Aussicht auf zwei Seiten, da es ein Eck bildet. Dabei ein geräumiges Kabinett und hinlängliche Möbel.« Doch wurde er von hier aus am 2. August 1819 auch Zeuge antisemitischer Übergriffe, der so genannten Hepp-Hepp-Unruhen.

August Graf von Platen wurde am 14. Oktober 1796 in Ansbach geboren, das damals zu Preußen gehörte. Er stammte aus einer verarmten Adelsfamilie. 1806 nach dem Übergang der ehemaligen Markgrafschaft Ansbach an Bayern schickten die Eltern den Neunjährigen auf die bayerische Kadettenanstalt nach München. 1810 wurde er Hofpage am königlichen Hof, 1814 begann er die Offiziersausbildung im königlichen Leibregiment. Man gewährte ihm Urlaub zum Jurastudium in Würzburg, wo sich Platen, der auch schon erste literarische Versuche hinter sich hatte, vor allem den philosophischen Fächern widmete. In Würzburg verliebte er sich in einen Kommilitonen namens Schmidtlein, doch die Unerfüllbarkeit seiner Liebe stürzte ihn in Verzweiflung. In seinem Tagebuch heißt es: »Oh wenn doch nur diese Liebe nicht wäre! Sie richtet mich zu Grunde. Alle meine Studien ekeln mich an. Man hält mich für fleißig, während ich meinem Gram nachhänge. Wenn es so fort geht, so kehre ich unverrichteter Dinge wieder heim von der hohen Schule und habe nichts als geträumt.« Als Platen seinem Verehrten in einem Brief seine Zuneigung gestand, erhielt er eine empörte Antwort, die ihm einen weiteren Aufenthalt in Würzburg unmöglich machte, so dass er ab Oktober 1819 sein Studium in Erlangen fortsetzte (vgl. S. 138, 148).

Wir folgen nach links der hier abzweigenden Sterngasse und gelangen nach einem Straßenknick in die Franziskanergasse. An der Ecke steht das alte Haus zum Wolfmannsziechlein.

9 Haus zum Wolfmannsziechlein Wohnhaus und Werkstätte von Tilman Riemenschneider Franziskanergasse 1

Tilman Riemenschneider wurde um 1460 in Heiligenstadt (Thüringen) geboren, machte eine Lehre als Bildhauer und Bildschnitzer und kam nach seiner Wanderschaft 1483 nach Würzburg. Dort wurde er Meister, heiratete eine reiche Frau (insgesamt war er viermal verheiratet), wurde bald ein wohlhabender Bürger und Mitglied des Rates der Stadt, 1520–1524 sogar deren Bürgermeister. Während des Bauernkrieges musste er Folterungen ertragen. Die Legende, dass dabei seine Hände zerquetscht wurden, ist jedoch nicht nachweisbar. Bis zu seinem Tod 1531 führte er in Würzburg ein zurückgezogenes Leben.

Zu Riemenschneiders Hauptwerken, von denen mehrere im Mainfränkischen Museum auf der Festung Marienberg aufbewahrt werden, gehört das Kaisergrab im Bamberger Dom, die Altäre in Rothenburg, Creglingen, Maidbronn bei Würzburg und die Fi-

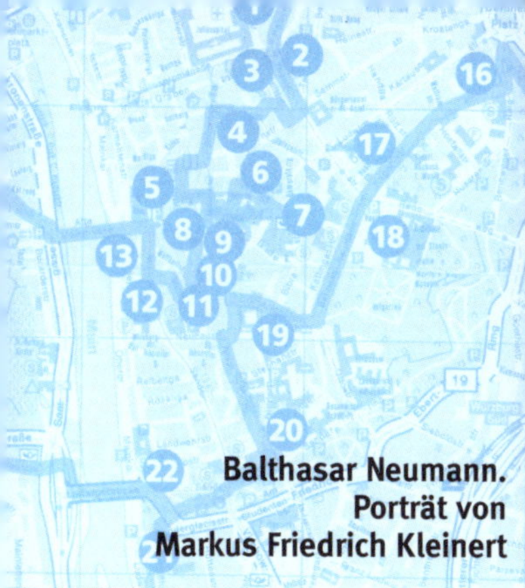

Balthasar Neumann. Porträt von Markus Friedrich Kleinert

guren von Adam und Eva, die in Nachbildungen am Portal der Würzburger Marienkirche zu sehen sind. Über den Künstler haben u. a. Leo Weismantel und Tilman Röhrig Romane verfasst.

Wir kommen zum Eckhaus Franziskanergasse/Wolfhartsgasse, einem Neubau, der an Stelle des ehemaligen Wohn- und Sterbehauses von Balthasar Neumann nach dem Zweiten Weltkrieg errichtet wurde. Am Eingang in der Wolfhartsgasse hat man das alte Portal in den Neubau eingelassen, dahinter findet man in einer Nische die Geschichte des Hauses verzeichnet, das Neumann aus den ehemaligen Höfen Oberfrankfurt und Niederfrankfurt 1724 für sich errichten ließ. Vom Eingang der Franziskanergasse aus sieht man am besten den Neubau eines turmartigen, die Dächer der Umgebung überragenden Anbaus, von dem aus Neumann die Arbeiten an der Residenz beobachten konnte.

10 Balthasar-Neumann-Haus Franziskanergasse 2/ Wolfhartsgasse 2

Johann Balthasar Neumann (1687–1753) stammte aus Eger. Er war Hofbaumeister der Würzburger Fürstbischöfe und schuf als leitender Architekt neben der weltberühmten Würzburger Residenz eine ganze Reihe von Schlössern, Kirchen und Privathäusern in den Bistümern Würzburg und Bamberg sowie die Barockschlösser in Bruchsal und Brühl (Treppenhaus), die Wallfahrtskirche Vierzehnheiligen am oberen Main und die Basilika im schwäbischen Neresheim sowie militärische Befestigungsanlagen. In diesem Haus lebte er mit seiner Frau Maria Eva Engelberta, der Tochter des Geheimen Rats Franz Ignaz Schild, mit der er acht Kinder hatte.

Wir gehen bis zum Franziskanerplatz, wenden uns nach rechts und kommen in die Ursulinergasse. An deren Ende stand das Wohnhaus der Eltern des Schriftstellers, Journalisten und Politikers Felix Fechenbach.

11 Wohn-und Geschäftshaus der Eltern von Felix Fechenbach Ursulinergasse 2

Felix Fechenbach wurde 1894 in Mergentheim geboren, im gleichen Jahr noch erfolgte der Umzug der Familie nach Würzburg. In der Ursulinergasse 2 betrieb der Vater die einzige jüdische Bäckerei der Stadt, die allerdings 1910 Konkurs machte, worauf die Familie in die Semmelstraße umzog. Bereits in der jüdischen Volksschule in der Domerschulgasse hatte Felix unter dem Spott seiner reichen Mitschüler zu leiden. Im Alter von 13 Jahren verließ er die Werktagsschule in Heidingsfeld und begann eine kaufmännische Lehre in einer Schuhwarengroßhandlung. Dort arbeitete er bis 1911, bevor er nach Frankfurt am Main ging, 1912 zog er nach München, wurde Gewerkschaftssekretär und nahm sich der Probleme jugendlicher Arbeiter an.

Im Ersten Weltkrieg gehörte er zu den Kriegsgegnern und Kritikern der offiziellen sozialdemokratischen Politik und trat neben Schriftstellern wie Ernst Toller und Oskar Maria Graf an die Seite des nachmaligen ersten Ministerpräsidenten Kurt Eisner, dessen Sekretär er wurde. Nach dessen Ermordung im Januar 1919, deren unmittelbarer Zeuge er war, arbeitete er als Redakteur sozialdemokratischer Zeitungen in Berlin und Detmold. Wegen angeblichen Landesverrats verurteilte man ihn 1922 in einem politischen Prozess zu zehn Jahren Zuchthaus, ließ ihn jedoch nach zwei Jahren Haft, die er im Gefängnis von Ebrach (Kreis Bamberg) absaß, wieder frei. 1933 nahmen ihn die Nazis in »Schutzhaft« und ließen ihn bei einem vorgeblichen Transport ins Konzentrationslager Dachau »auf der Flucht« erschießen.

Während der Haft in Ebrach hatte er den Roman *Der Puppenspieler. Ein Roman aus dem alten Würzburg* (1924, Neuauflage 1988) geschrieben, der kurz vor dem Ersten Weltkrieg in dem Viertel um die Kärrnergasse, den Mainkai mit dem alten Kranen und dem Vierröhrenbrunnen spielt.

Wir verlassen die Ursulinerstraße wieder durch die Kleine Bockgasse und erreichen die Augustinerstraße, wenden uns ein paar Meter weiter nach

Felix Fechenbach, 1914

Felix Fechenbach (li.) und Kurt Eisner (Mitte) am Reichskanzler-Palais, 1918

links und erreichen das Haus Nr. 9. Das »Ämterhochhaus« wurde 1929 an Stelle eines Barockgebäudes errichtet, in dem Jehuda Amichai geboren wurde.

12 Geburtshaus von Jehuda Amichai Augustinerstraße 9

Jehuda Amichai wurde hier, in einem Vorläuferbau des heutigen »Hochhauses«, 1924 als Ludwig Pfeuffer geboren und nahm nach der Übersiedelung der Familie nach Israel 1935 seinen späteren Namen an, der so viel wie »Mein Volk lebt« bedeutet. Amichai galt bis zu seinem Tod 2000 als der größte Lyriker Israels. Nachdem er, international längst bekannt, 1958 seine Geburtsstadt besucht hatte (»ein traumatisches Erlebnis«), in der noch zahlreiche Ruinen aus der Bombennacht des 16. März 1945 stehen geblieben waren, veröffentlichte er 1962 unter dem Eindruck dieser Reise einen Roman, der erst 30 Jahre später unter dem Titel *Nicht von jetzt, nicht von hier* auf Deutsch erschien. In diesem Buch, einem Buch der Erinnerungs- und Trauerarbeit, sucht der Held im Gedenken an die ermordete Kindheitsfreundin Ruth die Orte seiner Würzburger – im Roman heißt es »Weinburger« – Kindheit auf, denen man auf einem eigenen Spaziergang nachfolgen könnte.

Amichai bekam 1981 den Kulturpreis der Stadt Würzburg und 1982 den Israel-Preis seines Heimatstaates. Er starb 2000 in Jerusalem.

Nun gehen wir nach rechts und gelangen am Ende der Augustinerstraße zu einem kleinen Platz, auf dem der »Vierröhrenbrunnen« vor dem von Balthasar Neumann erbauten »Haus zum Hirschen« steht. Auf der anderen Straßenseite liegt vor uns das alte Rathaus, »Grafeneckart« genannt. Wir halten uns links, Richtung Alte Mainbrücke. Direkt davor mündete früher links die Büttnersgasse ein. Das ehemalige Eckhaus war das Geburtshaus von Max Dauthendey. Eine Tafel auf der Rückseite des Neubaus weist darauf hin.

13 Ehemaliges Geburtshaus von Max Dauthendey Alte Mainbrücke/Am Grafeneckart 8

Max Dauthendey schrieb über sein Geburtshaus: »Das Haus Büttnersgasse Nummer Zwei, in welchem ich geboren wurde, ein altes großes Haus mit französischem Mansardendach, lag nahe der alten Brücke. Wir bewohnten den ersten Stock, welcher sechs Zimmer hatte.« Von der Ankunft seiner Eltern 1864, vor seiner

Geburt, erzählt er, dass, als der Wagen in der engen Büttnersgasse vorfuhr, seine Mutter, die aus der großen Wohnung am St. Petersburger Newski- Prospekt ausgezogen war, glaubte, der Kutscher habe sich geirrt. »Aber«, schrieb Dauthendey, »als sie in die Wohnung kam und in die Zimmer trat, die nach dem Main hinsahen, wo über dem spiegelnden Fluß auf einem hohen Weinberg die Marienburg thront, und der Nikolausberg daneben mit seiner turmreichen Kapelle, freundlich von hellem Wintersonnenhimmel umgeben, ihr Auge und ihr Herz entzückte, da fand sie sich wieder zurecht und war sehr zufrieden mit Wohnung und Stadt.«

Wir betreten die Alte Mainbrücke, die von jeher die Aufmerksamkeit der Würzburg-Besucher und vieler Dichter gefunden hat. Mit deren Berichten ließe sich eine ganze Anthologie füllen. Über die Brücke gelangen wir zum Mainviertel, dem ältesten Viertel der Stadt. Dort überqueren wir die Straße hinunter zum Spitäle, das heute eine Kunstgalerie birgt, wenden uns kurz nach rechts und biegen dann links bergauf in die Zeller Straße ein, deren alter Charakter bereits lange vor der Zerstörung der Stadt einer Straßenerweiterung weichen musste. Nach etwa 200 Schritten sehen wir auf der rechten Seite, kurz vor der Deutschhauskirche, eine 1991 in die Mauer eingelassene Gedenktafel, die auf das 1904 abgerissene Geburtshaus von Leonhard Frank hinweist.

Max Dauthendey Geburtshaus um 1910

14 Ehemaliges Geburtshaus von Leonhard Frank Gedenktafel an der Kirchhofmauer Heute Zeller Straße 30

Leonhard Frank wurde am 4. September 1882 in Würzburg als viertes Kind eines Schreinergesellen geboren und verbrachte die Kindheit in Armut. In seinem autobiographischen Roman *Links wo das Herz ist* heißt es: »Am Eßtisch gab es große Augen und kleine Bissen. Acht Monate im Jahr liefen die vier Kinder, zwei Buben und zwei Mädchen, keine Schuhsohlen durch. Aber im Winter, wenn Schnee lag und der Main zugefroren war, konnten sie nicht mehr barfüßig zur Schule gehen.« Seine Mutter Marie Wegrainer hatte den *Lebensroman einer Arbeiterfrau* geschrieben und veröffentlicht, dessen Schauplatz sie nach Bamberg verlegt hatte, damit ihr Mann und die Nachbarn nicht erfuhren, dass sie neben der Hausarbeit schriftstellerisch tätig war.

Leonhard Frank besuchte die evangelische Konfessionsschule in der Münzstraße (vgl. S. 27 ff.) und absolvierte anschließend eine Schlosserlehre. Er ging 1904 nach München,

Leonhard Frank mit Lucie Mannheim (li.) und Käthe Dorsch ch der Uraufführung von *Karl und Anna*, 1929

um Kunstmaler zu werden, 1910 nach Berlin. 1914 erschien sein erster Roman *Die Räuberbande*, für den er den angesehenen Fontane-Preis erhielt. 1915 emigrierte der Kriegsgegner Frank in die Schweiz und kehrte 1918 nach Berlin zurück. 1933 begann sein Weg in die Emigration, der ihn über Zürich, London, Paris und Hollywood nach New York führte. 1950 erfolgte die Rückkehr nach München, wo er am 18. August 1961 verstarb.

Frank verfasste mehrere Romane, die in Würzburg spielen: *Die Räuberbande* (1914), Das *Ochsenfurter Männerquartett* (1927) und *Die Jünger Jesu* (1949). Mit einer Passage aus der *Räuberbande* über den Lehrer Mager zog er sich den Zorn vieler Würzburger zu: »Vielleicht ist der Lehrer so, lebt so, geht so in dieser Stadt herum, weil es die Atmosphäre der Stadt anders nicht zuläßt ... Der Katholizismus, die Klöster, Mönche und Priester, die engen Kurven der Gassen mit den feuchten Schatten, die gotischen Kirchen, die hohen, grauen Mauern, aus denen unvermittelt gotische Fratzenbildwerke springen, all dies zusammen wirkt auf die Menschen von Jugend an ... So eine Stadt bringt Böse hervor, die schon als siebenjährige Kinder Sünden beichten mußten, Verblödete, religiös Irrsinnige, Ehrgeizige, bucklig geborene, heimliche Mörder, Krüppel, Asketen, Kinderschänder ... und auch Künstler.«

Lohnend ist es allemal, von hier zur Festung Marienberg hinaufzusteigen und einen Blick auf die Stadt zu werfen. Dort oben und in den engen Gässchen des Mainviertels, vor allem beim ehemaligen »Gasthaus zum Lochfischer« (Erste Felsengasse 1), spielen auch Szenen des Romans »Die Räuberbande«, der die Atmosphäre in diesem Kleinbürger- und Mainfischerviertel in der zweiten Hälfte des 19. Jahrhunderts aufleben lässt.

Zum Abschluss des ersten Spaziergangs gehen wir über die Alte Mainbrücke zurück und biegen links über die Treppe in die Karmeliterstraße ein. Vor uns stehen ein mächtiges Palais, das 1716–1719 erbaute Rückermaingebäude, und gegenüber bei der Einmün-

dung der Kärrnergasse das alte Gasthaus »Zum Reichsapfel«, in dem der junge Graf Platen seine Mahlzeiten einzunehmen pflegte. Über die Rückermainstraße biegen wir zum Marktplatz ein. Neben der gotischen Marienkapelle steht das reich verzierte Rokokohaus »Zum Falken«, in dem heute die Stadtbibliothek untergebracht ist. Sie ist weit besser sortiert als jene Würzburger Leihbibliothek, von der Heinrich von Kleist um 1800 berichtete, dass er dort weder Schillers noch Goethes Werke gefunden habe, sondern lediglich zwei Sorten von Ritterromanen, eine mit und eine ohne Gespenster.

Rings um die Altstadt

Wir beginnen den Spaziergang am Hauptfriedhof, nicht weit vom Hauptbahnhof entfernt. Eine Hinweistafel am Mittelgang des Friedhofs zeigt die Lage der Gräber bedeutender Persönlichkeiten an, darunter auch die von vier Schriftstellern.

15 Hauptfriedhof
Martin-Luther-Straße

Das Grab von Max Dauthendey (vgl. S. 17, 21 f., 30 f., 33 f.) und seiner Familie liegt in der ersten Abteilung auf der rechten Seite gegenüber der Aussegnungshalle. Im Mai 1930 wurde der Leichnam des Dichters von Java nach Würzburg überführt und im Kreuzgang des ehemaligen »Lusamgärtchens« (vgl. S. 16) im Luitpoldmuseum beigesetzt. Nach dessen Zerstörung wurde Max Dauthendeys Leichnam im Familiengrab auf dem Hauptfriedhof bestattet. Vor dem Grabstein liegt eine Grabplatte mit den Versen: »Bin ein gestorben Herz, das tot noch liebt und schlägt.« Über das Grab seiner Eltern, das so auch

Würzburg, Mainbrücke

Max Mohr als Gymnasiast

sein eigenes werden sollte, hatte er geschrieben: »Immer wieder bin ich vom Ausland zu dieser Stadt zurückgekehrt. Ich besaß keine Erde und kein Gut hier, das mich hätte anlocken können, stets wieder von neuem das Mainufer aufzusuchen. Das einzige Gut, das einzige Stückchen Erde, das ich mein nannte, als ich wiederkam, war das kleine Viereck Erde des Familiengrabes da draußen im Friedhofgrund.«

In der Ehrengrabstätte am Ende der ersten Abteilung links vom Mittelgang verweist eine Inschrift auf Hermann Conradi (1862–1890), einen Dramatiker des deutschen Naturalismus und Lyriker des Frühexpressionismus, der mit seinem damals wegen »Verstoßes gegen die Sittlichkeit« verbotenen Drama *Adam Mensch* (1889) Aufsehen erregt hat.

In der zweiten Abteilung, linke Hälfte, findet man das Grab der Jugendschriftstellerin Agnes Sapper, geborene Brater (1852–1929), aus Erlangen, die ihre letzten Lebensjahre in Würzburg verbrachte (vgl. auch S. 147).

In der vierten Abteilung an der hintersten Mauer des Friedhofs liegt die Grabstätte von Georg Friedrich Daumer (1800–1875) aus Nürnberg, der vor allem als Erzieher Kaspar Hausers und Protokollant seiner Lebensäußerungen in Erinnerung geblieben ist. Nach seinem Übertritt zum Katholizismus siedelte er nach Würzburg über.

Wir verlassen den Hauptfriedhof, wenden uns zum Kreisverkehr am Berliner Platz und biegen von da aus in den Rennweger Ring. Zur Rechten liegt das Riemenschneider-Gymnasium.

16 Riemenschneider-Gymnasium
Früher Königlich Neues Gymnasium
Schule von Max Mohr
Rennweger Ring 12

Max Mohr wurde am 17. Oktober 1891 als Sohn eines jüdischen Kaufmanns in Würzburg, wohnhaft in der Rottendorfer Straße 1, geboren und besuchte 1901–1909 das Königlich Neue Gymnasium. Er studierte anschließend Medizin in Würzburg und

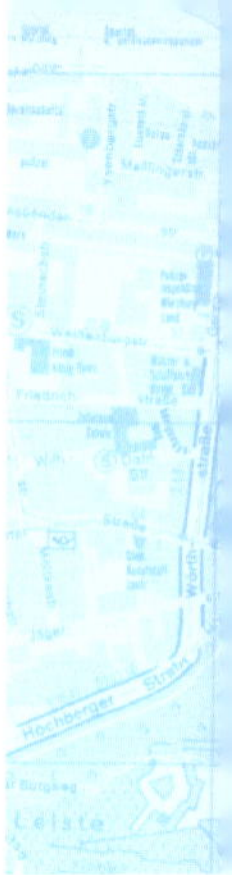

München. Bis zu einem Unfall war er Extrembergsteiger und unternahm schon als junger Mann, nahezu mittellos, mehrere Orientreisen. Als Arzt nahm er am Krieg teil und begann gleichzeitig mit dem Schreiben. Ab 1919 betrieb er eine Arztpraxis in München, hängte aber nach einem Jahr den Beruf an den Nagel und zog sich mit seiner Frau auf einen Einödhof, die »Wolfsgrub«, in der Nähe des Tegernsees zurück. Er schrieb eine große Zahl von Dramen, die zu Lebzeiten u. a. mit Heinrich George und Paul Wegener in den Hauptrollen aufgeführt wurden, sowie Romane und Novellen. Ab Mitte der 1920er lebte Mohr, der mit D. H. Lawrence befreundet war, überwiegend in Berlin. Im November 1934 emigrierte er nach Shanghai, wo er am 13. November 1937 verstarb.

Vom Rennweger Ring zweigen wir nach rechts in die Kapuzinerstraße ab und gehen sie fast bis zum Ende kurz vor dem Residenzplatz.

17 Wohnung von Richard Wagner Kapuzinerstraße 7

Der aus Sachsen stammende Richard Wagner (1813–1883), der spätere weltberühmte Komponist und Textdichter seiner Opern, dessen Lebensweg untrennbar mit der fränkischen Stadt Bayreuth verbunden ist, wurde als junger Mann von nicht einmal 20 Jahren als Chorrepetitor, Statist und Theaterkomponist beim Würzburger Stadttheater eingestellt, wofür man ihm zehn rheinische Gulden als Lohn zahlte. Überleben konnte er nur dadurch, dass er die Töchter seines ebenfalls beim Theater angestellten Bruders Albert beaufsichtigte und in dessen Haus freie Kost und Logis hatte. In der Kapuzinerstraße 7 wohnte Wagner von März bis Mai 1833 in einem kleinen Zimmer. An der Hauswand liest man eine Tafel mit der nicht ganz zutreffenden Inschrift: »Hier wohnte 1833 Richard Wagner und schuf sein Erstlingswerk ›Die Feen‹.« Diese Oper stellte Wagner nämlich erst in der Lochgasse, der heutigen Spiegelstraße, fertig, wie er seiner Schwester Rosalie am 6. Januar 1834 mitteilte: »Es fehlte

Richard Wagners Wohnhaus in der Kapuzinerstraße

Richard Wagner. Zeichnung von Ernst Benedikt Kietz, 1850

mir nur noch das letzte Finale meiner Oper; vorgestern habe ich es – und somit meine ganze Oper – vollendet; es war grad' Mittag um 12 Uhr, und es läuteten von allen Türmen die Glocken, als ich das Finis darunter schrieb; das hat mir sehr gefallen.«

Eine weitere Wagnerstätte in Würzburg ist das jenseits unseres Spaziergangs gelegene Gasthaus »Der letzte Hieb« in der Rottendorfer Straße 29, wohin sich Wagner oft des Abends schlich, nachdem er seine Schutzbefohlenen schlafen gelegt hatte (vgl. S.88).

Wir kommen an der Residenz vorbei, die von vielen Autoren besucht und beschrieben wurde, vom Schweizer Robert Walser bis hin zum Niederländer Cees Nooteboom. Auf dem Residenzplatz steht der »Franconiabrunnen«.

18 Franconiabrunnen Residenzplatz

Der »Franconiabrunnen« verrät uns, wen man im 19. Jahrhundert als bedeutendste fränkische Künstler angesehen hat. Neben dem Maler Mathias Grünewald und dem einst in Würzburg wirkenden Bildhauer Tilman Riemenschneider (vgl. S. 18 f.) sitzt auch Walther von der Vogelweide (vgl. S. 16) in der typischen, einem seiner Gedichte *(ich saz ûf eime steine)* nachempfundenen und aus der Manessischen Liederhandschrift bekannten Haltung, den Kopf auf den Ellenbogen gestützt.

Vom Residenzplatz gehen wir auf der Balthasar-Neumann-Promenade bis zur Einmündung in die Domerschulstraße bei der St. Michaelskirche. Gleich rechts standen die Synagoge und die jüdische Grundschule, die sicher von Felix Fechenbach, vielleicht auch von Max Mohr und Ludwig Pfeuffer (alias Jehuda Amichai) besucht wurde. Zur Linken finden wir zunächst das Priesterseminar im ehemaligen Jesuitenkolleg, direkt dahinter die weiträumigen Gebäude der Alten Universität, die mit der Universitätskirche (Neubaukirche) abschließen.

19 Jesuitenkolleg und Alte Universität Domerschulstraße 18 und 16

Nach der Erstgründung einer Universität in der Dominikanergasse erfolgte die eigentliche Universitätsgründung unter Fürstbischof Julius Echter (1573–1617), die nach diesem »Alma Julia« genannt wurde. Julius Echter, maßgeblicher Vertreter der Gegenreformation, stützte sich bei der Besetzung der Lehrstühle vor allem auf den Jesuitenorden. Dieser betrieb nebenan auch das Jesuitenkolleg als vorbereitende Schule, das bis zur Auflösung des Ordens 1773 Bestand hatte. Eine Reihe seiner Schüler und Lehrer spielten im literarischen Leben eine herausragende Rolle: Friedrich Spee von Langenfeld (1591–1635), geistlicher Lyriker der Barockzeit, predigte hier und musste in jungen Jahren zum Tode verurteilte angebliche »Hexen« zum Scheiterhaufen führen. Sein Buch *Der Hexenhammer* trug wesentlich zur Zurückdrängung der Hexenprozesse bei, wobei allerdings in Würzburg noch 1749, später als an den meisten anderen Orten, eine Hexenverbrennung stattfand. Im Jesuitenkolleg lehrte 1629–1631 auch Athanasius Kircher (1602–1680), einer der bedeutendsten Universalgelehrten seiner Zeit. Er, der von Umberto Eco in dessen *Streichholzbriefen* als »aufgeblasener Jesuit« bezeichnet wurde, schrieb über 30 Bücher aus nahezu allen Wissensgebieten seiner Epoche. Ein bedeutender Zögling des Jesuitenkollegs war Eulogius (eigentlich Johann Georg) Schneider (1756– 1794) aus Wipfeld bei Schweinfurt. Er wurde nach seiner Ausbildung in Würzburg Franziskanermönch, dann Hochschullehrer für Literatur in Bonn. Er ging 1791 nach Straßburg, wo er das Revolutionstribunal leitete, bis er selbst der Guillotine zum Opfer fiel. Schneider verfasste auch Gedichte und Satiren. Sein Leben ist im Roman *Der Traum der Vernunft* von Michael Schneider (2001) beschrieben worden.

Friedrich Wilhelm Schelling

Als die nunmehr bayerische bzw. herzöglich-toscanische Würzburger Universität nach der Säkularisierung ab 1803 bevorzugt protestantische Männer auf die Lehrstühle berief, erhielt auch Christian August Fischer (1771–1829) einen Ruf. Er war als Reiseschriftsteller bekannt geworden (»Spanien-Fischer«), verfasste Fabeln, gab die Schriften John Fenimore Coopers heraus und galt unter seinem Pseudonym »Christian Althing« als berüchtigter Autor pornographischer Schriften. Er wurde von Arno Schmidt wiederentdeckt und eine Figur in dessen Erzählung *Tina oder Über die Unsterblichkeit* (1956). Fischers Frau, Caroline Auguste Fischer, geborene Venturini, geschiedene Christiani (1764–1842), die kurze Zeit wohl mit ihrem Gatten in Würzburg gelebt hat, war die Verfasserin populärer Frauenromane und Vorkämpferin der Emanzipation.

Friedrich Wilhelm Schelling (1775–1854), der berühmte Philosoph, lehrte in Würzburg (vgl. auch S. 143), und seine Frau Caroline von Schelling (1763–1809), eine der führenden

Frauengestalten der Romantik und Mittelpunkt des Jenaer Kreises, folgte ihm hierher nach. Felix Dahn (1834–1912) war 1863–1872 Professor für deutsches Recht, Völkerrecht und Rechtsphilosophie in Würzburg. Er verfasste historische Romane, von denen *Ein Kampf um Rom* (1876) zu einem der erfolgreichsten deutschen Romane des 19. Jahrhunderts wurde.

Am Ende der Domerschulstraße bei der Universitätskirche, auch »Neubaukirche« genannt, biegen wir links in die Schönthalstraße und kommen zur Neubaustraße. Hier wenden wir uns nach rechts und biegen nach wenigen Metern links in die Peterstraße ein, deren Verlängerung Münzstraße heißt. Fast an deren Ende sehen wir auf der linken Seite die ehemalige »Münzschule«, deren Gebäude heute von der Fachhochschule genutzt werden.

20 Ehemalige Münzschule Schule von Leonhard Frank Münzstraße 19

Die Münzschule war die evangelische Bekenntnisschule Würzburgs, an der Leonhard Frank (vgl. auch S. 22 f.) die von ihm mehrfach geschilderten traumatisierenden Erfahrungen machte. Ein historisch nachweisbarer sadistischer Lehrer namens Georg Dürr wird zum Lehrer Mager in Franks Roman *Die Räuberbande*. Seinen Hass schrieb sich Frank in der Novelle *Die Ursache* (1915) endgültig von der Seele, in der ein Schriftsteller im Erwachsenenalter in seine Heimatstadt zurückkehrt, um seinen ehemaligen Lehrer zur Rede zu stellen, und diesen schließlich, von Erinnerungen überwältigt, umbringt.

Wir gehen die Münzstraße bis zum Ende und kommen unweit der Neuen Universität erneut an die Ringanlagen, diesmal zum Sanderring. Diesem folgen wir Richtung Main bis zur Sanderstraße und gehen dann diagonal durch die Glacis-Anlage, überqueren bei der Fußgängerampel die Verbindungsstraße zur Brücke und sehen links an der Sanderglacisstraße das barocke Huttenschlösschen mit dem Huttenschen Garten, das für den Fürstbischof von Hutten 1710 errichtet wurde. Das Haus ist seit Ende des 19. Jahrhunderts im Besitz der Studentenverbindung Corps Rhenania, der auch Georg Heym angehörte.

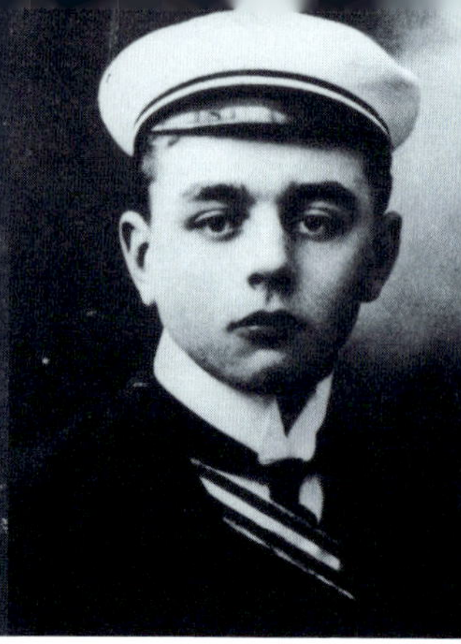

21 Huttenschlösschen Verbindungshaus von Georg Heym Sanderglacisstraße 10

Als der 1887 geborene Lyriker Georg Heym im April 1907 zum Jurastudium aus Berlin nach Würzburg kam, trat er dem Corps Rhenania bei und hielt sich häufig hier im Huttenschlösschen auf. Ehemalige Bundesbrüder berichten von nächtlichen Festen und Ausflügen, auf denen Heym Gedichte rezitierte, darunter wohl auch Verse, die eben erst im Entstehen begriffen waren. Der großgewachsene Heym wird auch als ausgezeichneter Fechter geschildert, während er selbst in seinem Tagebuch das Verbindungsleben als öde und seine Kommilitonen als »stumpfe Leute« bezeichnet. Das Lebensgefühl so mancher Intellektueller in der Zeit vor dem Ersten Weltkrieg schildert eine hier verfasste Passage aus Heyms Würzburger Tagebuch vom 30. Mai 1907: »Gäb's nur Krieg, gesund wär' ich. Ein Tag ist wie der andere. Keine großen Freuden, keine großen Schmerzen.«

Heym blieb bis Ende des Sommersemesters 1908 in Würzburg und setzte sein Studium in Berlin und Jena fort. 1910 begann er, seine Gedichte zu veröffentlichen, und wurde einer der bedeutendsten Lyriker des Expressionismus. Im Januar 1912 ertrank er zusammen mit einem Freund beim Schlittschuhlaufen auf der Havel.

Heinrich von Kleist schrieb schon rund 100 Jahre vorher über den damals öffentlichen Huttenschen Garten an seine Braut: »Nach Vergnügen sucht man hier vergebens ... Ein elender französischer Garten, der Huttensche, heißt hier ein Rekreationsort. Man ist aber hier so still und fromm, wie auf einem Kirchhofe.«

Von hier gehen wir durch die Anlage wieder hinauf zum Sanderring. Im letzten Haus vor der Brücke befand sich eine Wohnung von Max Dauthendey.

22 Ehemalige Wohnung von Max Dauthendey Sanderring 23

Unter dieser Adresse, das ursprüngliche Haus steht nicht mehr, nahm Max Dauthendey nach seiner

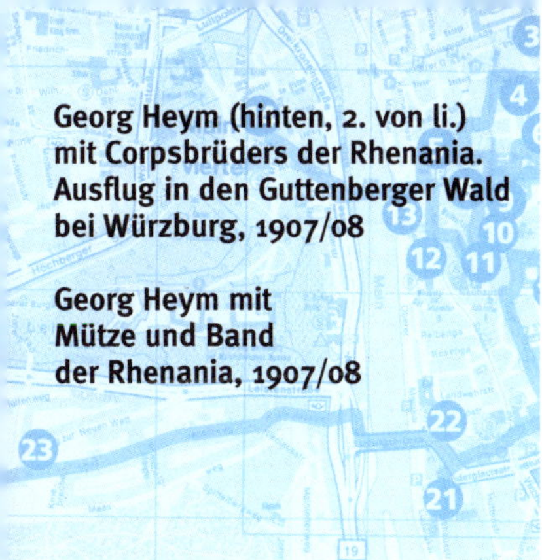

Georg Heym (hinten, 2. von li.) mit Corpsbrüders der Rhenania. Ausflug in den Guttenberger Wald bei Würzburg, 1907/08

Georg Heym mit Mütze und Band der Rhenania, 1907/08

ersten Weltreise 1906 im dritten Stock Quartier und behielt die Wohnung bis 1913. »Nach vielen Fahrten, die ich durch Europa und über Europas Grenzen hinaus machte, und nach meiner letzten Reise rund um die Erde, habe ich mich hier niedergelassen. Die Fenster meiner Wohnung sehen auf den alten Fluß hinaus, auf den sanften Main, der am Fuße des Marienbergs unter steinernen Brücken leicht rauschend hingleitet.«

Hier können wir unseren Spaziergang beenden, die weiteren Ziele erfordern gutes Schuhwerk oder die Benutzung eines öffentlichen oder privaten Transportmittels.

Entschließen wir uns zum Weitergehen, überqueren wir die »Löwenbrücke« und wenden uns dahinter rechts auf einen Fußweg, der uns unter der Hauptstraße hindurch führt. Auf der anderen Straßenseite beginnt die Nikolausstraße, die uns bergauf führt. In einer Kurve zweigt der Leutfresserweg ab, dem wir bis zum Gutshof »Zur neuen Welt« auf der rechten Straßenseite folgen. Der Hof ist auch mit dem Bus erreichbar (Linie 35 bis zur Haltestelle Kniebrech, dann wenige Meter zurück; oder Linie 17 bis zur Haltestelle Weg zur Neuen Welt und von da aus 200 Meter bergauf).

23 Hof »Zur Neuen Welt« Leutfresserweg 23

Der Gutshof »Zur Neuen Welt« befindet sich in Privatbesitz und ist heute nicht mehr zugänglich. An der Vorderseite des Hauses, in dem Max Dauthendey aufwuchs, hat man 1968 zu seinem 50. Todestag eine Tafel angebracht, die auf die Bedeutung des Hofes für das Würzburger Geistesleben hinweist. »Es lebten und wirkten hier u. a. Max Dauthendey, Rudolf Virchow, Korfiz Holm, Otto Modersohn, Erich Heckel, Fritz Rhein, Willy Geiger, Anton Kerschbaumer, Béla Czóbel, Alfred Kubin, Fritz Baltzer, Leopold von Ubisch.« Ein weiterer Gast, der Schweizer Schriftsteller Robert Walser (1878–1956), der 1901 auf seiner Wanderung von München nach Berlin in Würzburg bei seinem Dichterkollegen Dauthendey Station machte, schrieb: »Dauthendey führt mich gelegentlich in ein außerhalb auf einem Rebberg anmutig gelegenes Landhaus ein, wo mir erlaubt wurde, allerlei freundliche und gebildete Leute kennen zu lernen, die dem edlen Gastrecht einen fühlbar freien, behaglichen Spielplatz einräumten.«

Max erlebte hier glückliche Kindertage mit den aus Riga mit ihrer Familie hierher gezogenen »kleinen Russinnen«, den Schwestern Margaretha und Gertraud Rostosky. Auch als der junge Mann 1891 nach dem Streit mit dem Vater nervenkrank wurde, brachten ihn seine Freunde in die »Neue Welt«, wo er sich erholte. Er machte unter dem Namen »Pfauenhof« die »Neue Welt« zum Schauplatz seines ersten Romans *Josa Gerth* (1893).

Als er nach seiner Kur das Haus verließ, war Gertraud Rostosky, die seine »Lebensfreundin« werden sollte, 15 Jahre alt. 1894 machte Dauthendey ihr, die später eine überregional bekannte Malerin wurde, einen Heiratsantrag, heiratete aber dann, als sie ihn noch um Geduld bat, am 6. Mai 1896 die Schwedin Annie Johanson, mit der er den Gutshof in der Regel einmal im Jahr besuchte. Er beschloss 1898, dort sesshaft zu werden: »Wenn die Giebelfenster des Gutshauses in den Morgenstunden blitzten, wenn die Fliederbäume, die altgekrümmten an der Terrassenmauer blühten oder abblühten, wenn das Finkenpärchen, das in der großen Kastanie nistete, sein Nest bauend, ab und zu flog, wenn die Pfauenhenne oben am Berg, unter einem Busch versteckt, wochenlang brütete und der Pfau einsam auf der Terrassenmauer stolzierte und schrie, da er Regen erwartete; wenn Türen im Hause zuschlugen, Ketten der Pferde und der Kühe in den Ställen rasselten, wenn nur ein Strohhalm, der vom Einfahren der letzten Ernte vom Vorjahr draußen am Weg an den wilden Rosenbüschen hängen geblieben war, dem Vorübergehenden zuwinkte – dann war alles das nicht ein zwischen Himmel und Erde geborener vorüberflatternder flüchtiger Augenblick.« Von hier aus ging Dauthendey nach Berlin, Paris und München und kehrte immer wieder, wenn er in

Würzburg war, in der »Neuen Welt« ein. Hier hatte er seinen Arbeitsplatz, wenngleich er die Wohnung am Sanderring 23 behielt. Eine Änderung brachte erst das Jahr 1913, als Dauthendey sich das Haus im Guggelesgraben errichten ließ.

Wer zu Fuß unterwegs ist und weiter wandern möchte, kann von der »Neuen Welt« zur Frankenwarte emporsteigen. Zwischen den Sendemasten geht ein Feldweg hinab zur Straße Oberer Steinbachweg, von da aus wendet man sich nach rechts bis zu einem kleinen Waldstück, hinter dem ein Graben mit einem markierten Waldweg bergab führt, der als »Max-Dauthendey-Weg« beschildert ist. An ihm finden wir, sofern nicht Bäume die Sicht verdecken, das verschachtelte Dauthendey-Haus, das in Privatbesitz, nicht näher bezeichnet und nicht zugänglich ist. Der Guggelesgraben ist auch mit dem Auto vom Steinbachtal aus und mit dem Bus (Linie 8) ab Haltestelle »Waldhaus« erreichbar.

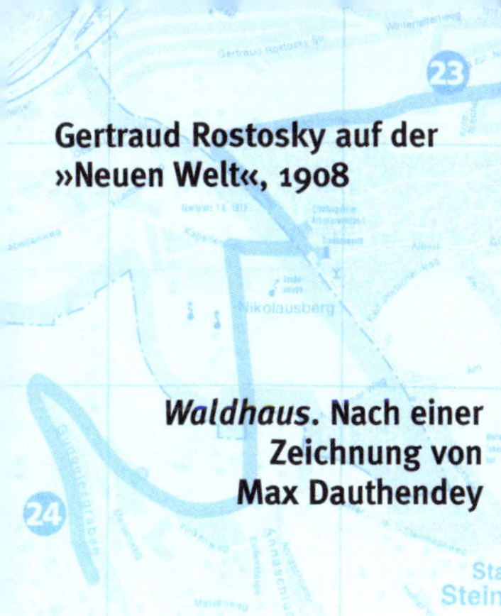

Gertraud Rostosky auf der »Neuen Welt«, 1908

***Waldhaus.* Nach einer Zeichnung von Max Dauthendey**

24 Max Dauthendeys Refugium Guggelesgraben (Guckelesgraben)

Im Frühjahr 1913 weihte Max Dauthendey das nach seinen Plänen errichtete kleine Haus im japanischen Stil ein. Es wurde von seiner Frau Annie bis in die 1930er Jahre bewohnt. Das Haus entstand aus einer Laune des Dichters heraus, die ihn finanziell ruinierte. Über die Umstände des Kaufs schrieb sein Verleger Korfiz Holm: »Als Dauthendey an einem Samstag im April 1912 ausnahmsweise einmal über 900 Mark verfügt, beschließt er, diese nicht zur Zahlung der Schulden zu verwenden, sondern das Geld zu behalten. Am nächsten Morgen unternimmt er mit seiner Frau einen Spaziergang in die Umgebung der Stadt, das Geld hat er in der Jacke stecken. Als sie den Leutfresserweg hinaufsteigen und oben angekommen sind, schwärmt Max, überwältigt vom Guttenberger Wald und der Umgebung: ›Also sich hier ein Häuschen hinzubauen ... Wenn man das kaufen könnte – wunderbar.‹« Kaum hatte er das ausgesprochen, erschien ein Bauer, der Besitzer, der froh war, das unbequem liegende Waldstück als Bauplatz verkaufen zu können, und es ihm für 600 Mark überließ.

»Im April 1913 stand das Häuschen«, wie Dauthendey schrieb, »fertig im braunen Gartenboden, dem noch der grüne Rasen fehlte ... Das Häuschen, in zartgelbem Ton gehalten, schaut über Blumen und über ein langes grünes hölzernes Gartengitter den Hügel hinunter zum tiefen bewaldeten Guckelesgraben, darinnen Eichen und Espen stehen und in den Haselbüschen Amseln und Schwarzplättchen nisten. Gegen Süden aber liegt als Aussicht schwerer Wald auf sanften Hügeln, der große, tiefe Guttenberger Wald, der sich über Hügel bis an den Himmelsrand fortzieht und nie zu enden scheint mit seinen weichen Buchen und harten Eichen, mit Tannenständen, dunkeln und lichten Birkenplätzen.« Doch als Dauthendey das Haus bezogen hatte, regnete es monatelang fast ununterbrochen, so dass er und seine Frau es kaum verlassen konnten. Am 23. August 1913 schloss der Dichter es ab und fuhr nach Italien, er schrieb: »O du verfluchter Regen, was hast du getan? Du hast einen Deutschen aus seinem deutschen Waldraum verjagt, du hast ihn vom lauschigsten Waldwinkel fort in die leere Fremde gesetzt, du hast einen Heimatreichen heimatarm gemacht.«

Max Dauthendey verließ Würzburg endgültig im April 1914 und brach zu seiner zweiten Weltreise auf. In Java überraschte ihn der Kriegsausbruch, eine Rückkehr war nicht mehr möglich. Dem an Malaria erkrankten wurde das Haus am Guggelesgraben in seinen immer verzweifelteren Briefen zum Sehnsuchtsort: »Ach, wenn ich doch nur im Guttenberger Wald schon wieder in meiner sanfteren deutschen Waldheimat im Guggelesgrabenhäuschen bei Würzburg friedlich mit Annie in meinem Garten zur Nachtigallenstunde auf meinen Gartenbänken in meinem Hügelgarten unter meinen Obstbäumen und beim aufgehenden stillen deutschen Mond ausruhen dürfte von all dem Tropenlärm und all den Tropenungeheuerlichkeiten.«

Wir gehen den Weg weiter hinab ins idyllische Steinbachtal, wo wir – vielleicht nach einer Einkehr in einem der dortigen Ausflugslokale – einen weiten Spaziergang zurück in die Stadt unternehmen können. Wir können jedoch auch mit dem Bus (Linie 8 bis »Zollhaus«) und von dort mit der Straßenbahn Linie 3 in die Innenstadt oder zum Hauptbahnhof fahren.

Bad Mergentheim, Marktplatz mit Rathaus. Historische Postkarte

II.
Ausflüge in die Umgebung von Würzburg

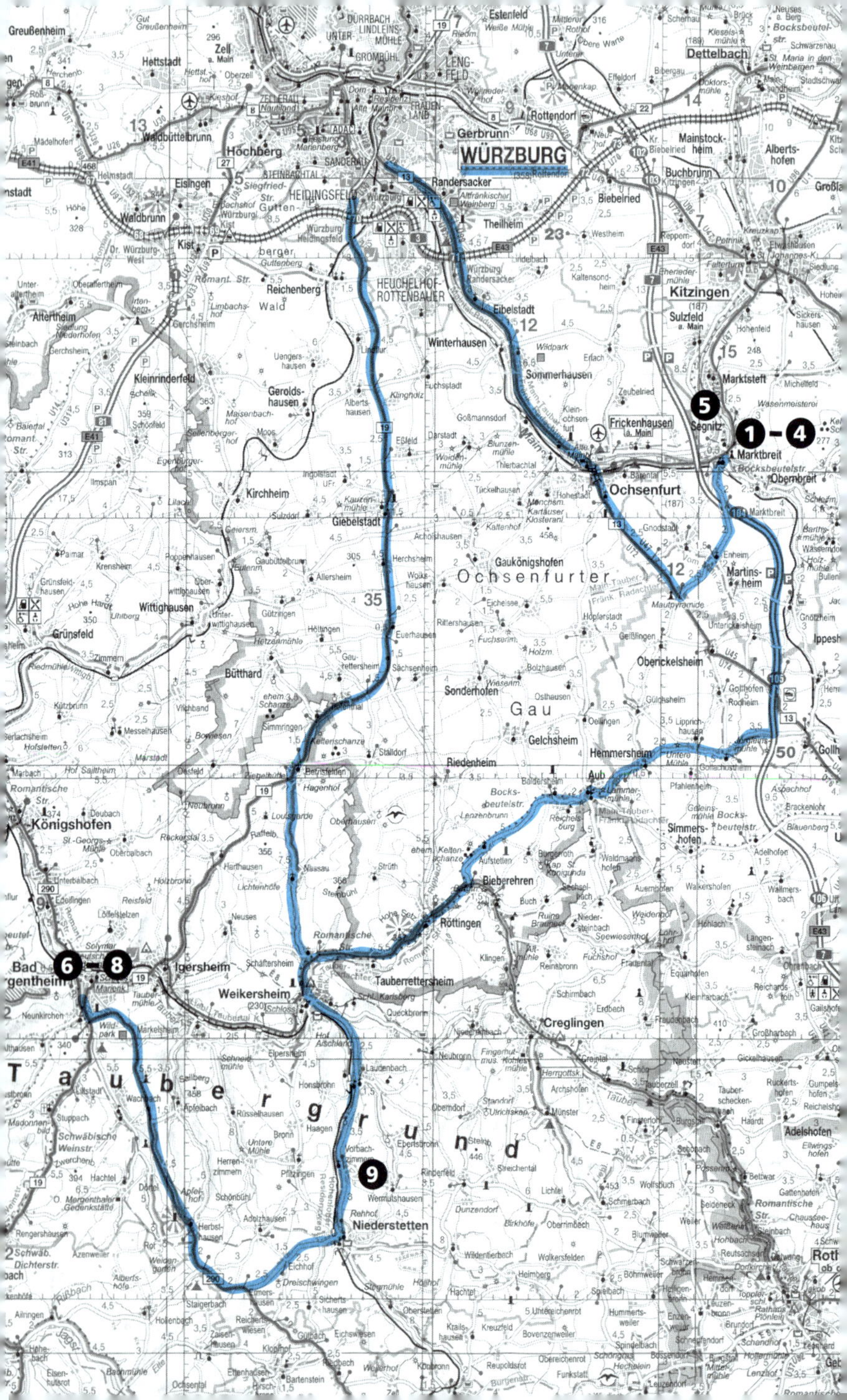

WÜRZBURG
Heidingsfeld
Randersacker
Eibelstadt
Sommerhausen
Winterhausen
Frickenhausen a. Main
Ochsenfurt
Kitzingen
Sulzfeld a. Main
Marktsteft
Segnitz
Marktbreit
Obernbreit
Martinsheim
Giebelstadt
Gaukönigshofen
Ochsenfurter Gau
Sonderhofen
Gelchsheim
Hemmersheim
Aub
Bieberehren
Röttingen
Tauberrettersheim
Weikersheim
Creglingen
Igersheim
Bad Mergentheim
Niederstetten
Taubergrund
Königshofen
Grünsfeld
Wittighausen
Kirchheim
Reichenberg
Höchberg
Dettelbach
1 – 4
5
6 – 8
9

1. Marktbreit · Segnitz Bad Mergentheim Wermutshausen

Auf der B 19 Richtung Ansbach streifen wir die Weinorte Randersacker, Eibelstadt, schließlich Sommerhausen, den Theaterfreunden bekannt durch sein »Torturmtheater«, eines der kleinsten Theater in Deutschland, gegründet von dem Schauspieler und Maler Luigi Malipiero, fortgeführt von Veit Relin. Wir kommen an der ehemaligen Kreisstadt Ochsenfurt vorbei, der Ricarda Huch (1864–1947) in ihrem Essayband »Im alten Reich« (1927) ein Kapitel widmete und dessen Glockenspiel am Rathaus der Satiriker Kurt Tucholsky in seinem Aufsatz »Das Wirtshaus im Spessart« (1927) beschrieb. Von hier fahren wir noch etwa fünf Kilometer auf der B 19 Richtung Ansbach weiter und zweigen kurz nach dem Scheitelpunkt der Straße nach links Richtung Gnodstadt ein. Dort biegen wir auf der Hauptstraße nach rechts zur erhöht gelegenen protestantischen Kirche mit dem dahinter liegenden Friedhof ab.

Marktbreit am Main

Marktbreit-Gnodstadt

1 Friedhof
Grab von Michael Georg Conrad
Pfarrer-Geyer-Straße

In Gnodstadt wurde Michael Georg Conrad (1846–1927) geboren und begraben. Das Familien-Ehrengrab befindet sich in der Nähe der Kirche. Conrad, der nach einigen Jahren des Lehrerdaseins an verschiedenen Orten sich als Schriftsteller in München niederließ, war einer der Hauptvertreter der so genannten »Münchner Moderne«, Herausgeber der oppositionellen Zeitschrift *Die Gesellschaft*, ein Wegbereiter des französischen Naturalismus, besonders von Emile Zola, in Deutschland. Gegen Ende des 19. Jahrhunderts wandte er sich in seinem Werk und seinen Reden zunehmend heimattümelndem, nationalprotestantischem Gedankengut zu und kehrte aus der bayerischen Hauptstadt ins fränkische Gnodstadt zurück. In seinem Heimatroman *Der Herrgott am Grenzstein* (1904), dessen Schauplätze an die Dörfer Gnodstadt und Hopferstadt erinnern, wollte er mit der Fabel von der Liebe zweier Kinder aus einander feindlich gesinnten Familien mit unterschiedlicher Konfession die Botschaft einer neuen, von Heimatliebe und ländlicher Lebensweise geprägten Zeit ausrufen.

Wir fahren die Hauptstraße wieder hinab und biegen rechts in die Breite Straße, auf der wir aus dem Ort hinaus Richtung Marktbreit fahren.

Marktbreit

Wir parken am Großparkplatz am Main und betreten auf der gegenüberliegenden Straßenseite durch das mit dem Rathaus verbundene untere Stadttor den Ort.

2 Rathaus
Tagungsort der Gruppe 47
Marktstraße

In der von barocken Bauten geprägten Kleinstadt tagte vom 29. April bis zum 1. Mai 1949 im Hochzeitszimmer des Renaissance-Rathauses die berühmte Schriftstellervereinigung »Gruppe 47«. Hans Werner Richter (1908–1993), deren Begründer und Organisator, hatte die bekanntesten jüngeren deutschen Schriftsteller der Zeit eingeladen, der Lyriker Günter Eich (1907–1972) den Tagungsort vorgeschlagen. Den Lesungen folgte die Verkostung des für manchen in damaliger Zeit ungewohnten Frankenweins, dessen Wirkung allerlei Neid und Feindseligkeiten zwischen den Teilnehmern zum Vorschein kommen ließ, die wiederum fast zur frühzeitigen Auflösung der Gruppe geführt hätten.

Vom Rathaus biegen wir – wiederum außerhalb der Stadtmauer – nach rechts in die Bachstraße ein. Vorbei an dem berühmten Malerwinkel, der uns einen Blick auf den Breitbach, das Stadttor und den Rathausgiebel bietet, gelangen wir zu einem an der linken Straßenseite gelegenen kleinen Fachwerkhaus.

Ludwig Friedrich Barthel als Kind (mit Hut)

❸ Dichterstube Ludwig Friedrich Barthel Bachgasse 19

In diesem alten Handelsstädtchen mit seinen malerischen Winkeln wurde der Lyriker und Novellist Ludwig Friedrich Barthel (1898–1962) geboren, der von christlich-konservativer Haltung geprägt war. Diese hinderte ihn allerdings nicht daran, sich – wie so mancher seiner literarischen Zeitgenossen auch – eine Zeitlang der »nationalen Bewegung« mit Sympathie und Hoffnung zuzuwenden. Barthel verbrachte in Marktbreit seine ersten acht Lebensjahre, bis die Familie nach Würzburg und München zog, wo er jeweils als Archivar im Staatsdienst tätig war. Neben einer eher hymnischen Lyrik in der formalen Nachfolge Klopstocks und Hölderlins schuf Barthel Erzählungen, Novellen und Aphorismen und arbeitete als Übersetzer.

Anlässlich seines 30. Todestages 1992 wurde in diesem winzigen denkmalgeschützten Fachwerkhaus aus dem 18. Jahrhundert eine »Dichterstube Ludwig Friedrich Barthel« eingerichtet, die nur nach Voranmeldung besucht werden kann.

Wir gehen die Bachstraße leicht bergauf bis zur Fleischmannstraße, in die wir rechts einbiegen.

❹ Wohnhaus von Leo Weismantel Fleischmannstraße 9

Leo Weismantel (vgl. S. 13 f.) gründete, mittlerweile auch schon als Schriftsteller bekannt, nach dem Ablauf seines Landtagsmandats 1928 in Marktbreit einen Kreis reformpädagogisch Interessierter, die »Schule der Volkschaft«, die 1936 von den Nationalsozialisten verboten wurde. Er verstand unter Volkschaft eine »Lebensgemeinschaft innerer Geistes- und Volkskultur«. An Stelle bloßer Wissensvermittlung forderte er die »Gestaltwerdung« der im Individuum vorhandenen Anlagen. Während seiner Marktbreiter Zeit lebte er in diesem Haus.

Wir wenden uns wieder nach rechts, biegen in die Pfarrgasse ein, die uns bergab zum Schloßplatz und Rathaus führt. Durch das Stadttor verlassen

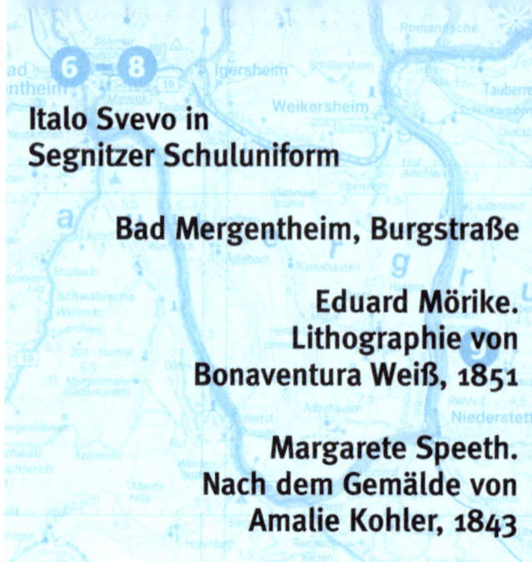

Italo Svevo in Segnitzer Schuluniform

Bad Mergentheim, Burgstraße

Eduard Mörike. Lithographie von Bonaventura Weiß, 1851

Margarete Speeth. Nach dem Gemälde von Amalie Kohler, 1843

wir die Stadt, wenden uns zum Mainufer bis zur Mainbrücke, über die wir nach Segnitz gelangen.

Segnitz

Am Ortseingang wenden wir uns nach links und kommen zu einem turmartigen Gebäude.

5 Ehemalige Brüsselsche Lehranstalt Schule von Italo Svevo Mainstraße 24

Direkt am Main befand sich in einem teilweise erhaltenen turmartigen Gebäude die »Brüsselsche Lehranstalt« für jüdische Schüler, auf die eine Gedenktafel hinweist. Der Schulleiter Samuel Spier gehörte zu den Mitbegründern der deutschen Sozialdemokratie und hatte sich zur Zeit des »Sozialistengesetzes« in die fränkische Provinz zurückgezogen. Hier ging 1874–1878 der Kaufmannssohn Ettore Schmitz aus Triest, der später unter dem Namen Italo Svevo zu einem Autor der Weltliteratur werden sollte, zusammen mit seinen zwei Brüdern zur Schule.

Italo Svevo (1861–1928) war als Schriftsteller ein Spätberufener. Er arbeitete zunächst als Bankangestellter in Triest. Nach dem Misserfolg seiner beiden ersten Romane wandte er sich von der Literatur ab, bis er von dem in Triest lebenden irischen Autor James Joyce entdeckt wurde. Sein Roman *Zeno Cosini* (1923) wurde weltberühmt. 1928 kam er bei einem Autounfall ums Leben.

In seinem Text *Die Zukunft der Erinnerungen* (1925) beschreibt Italo Svevo eine Reise im Jahr 1913 an seinen Schulort Segnitz am Main. Auch der jüngere Bruder Elio Schmitz hat von dem ihm eher verhassten Aufenthaltsort in seinem Tagebuch (dt. in dem Sammelband von Elio Schmitz und Italo Svevo, *Meine alte, unglückliche Familie Schmitz*) berichtet.

Hier könnten wir unseren Ausflug beschließen und die kleinen Weinstädtchen am Main besichtigen, dabei den dortigen Wein und die fränkischen Speisen probieren.

In entgegengesetzter Richtung können wir jedoch auch – zur Fortsetzung unseres literarischen Ausflugs – von Marktbreit aus über das von einem Mauerring umgebene, abgelegene unterfränkische Städtchen Aub fahren. Hier wohnten die jüdischen Vorfahren des spanischen Dichters Max Aub, der sich nach diesem Ort nannte. Anschließend kommen wir, nunmehr bereits im Württembergischen, ins Taubertal und dort in die ehemalige fränkische Deutschordensresidenz Mergentheim, das heute ein frequentierter Kurort ist.

Bad Mergentheim

Unser Spaziergang beschränkt sich auf einige Örtlichkeiten in der Stadtmitte rund um Marktplatz und Schloss. Zunächst suchen wir das Eckhaus Marktplatz 7/Burgstraße auf.

6 Wohnhaus von Eduard Mörike Marktplatz 7/Burgstraße

»Ein Städtlein blüht im Taubergrund / Das lob und preis ich alle Stund' / Da lebt es sich so feine« – gemeint ist damit Mergentheim, wo der Dichter dieser Verse, der in Ludwigsburg geborene Eduard Mörike (1804–1875), 1844–1851 zusammen mit seiner Schwester Klara lebte. Nachdem sie zunächst eine Wohnung am Boxberger Tor in der damaligen Mühlwehrgasse (heute: Untere Mauergasse 28) bezogen hatten, die sie wegen ihrer Dunkelheit und dem Namen »Fuchs« des Besitzers die »Fuchsenhöhle« nannten, siedelten sie im April 1845 in die geräumige Wohnung hier am Marktplatz um. Der bereits im Alter von 39 Jahren frühpensionierte und so nur mit einem geringen Ruhegeld ausgestattete protestantische Pfarrer heiratete gegen Ende seines Aufenthalts Margarethe, die katholische Tochter seines Hausherrn, des Offiziers Valentin von Speeth, nachdem der Dichter zuvor mit ihr und seiner Schwester in bescheidenen finanziellen Verhältnissen zu dritt im Hause zusammengelebt hatte.

Mörike gehörte zu den bedeutendsten deutschen Lyrikern in der Zeit zwischen Romantik und Realismus und zählt zu den Hauptvertretern der Biedermeierdichtung. In Mergentheim entstanden mehr als 40 Gedichte, darunter *Göttliche Reminiszenz*, *Auf einer Lampe*, *Früh im Wagen* und das Versepos *Idylle vom Bodensee* (1846).

Von hier sind es nur etwa 100 Meter bis zum mächtigen

7 Deutschordensschloss Deutschordensmuseum mit Mörike-Kabinett

Das Schloss, einst Hauptsitz des Deutschen Ordens in Franken, birgt heute das Deutschordensmuseum mit seinem Mörike-Kabinett, das im November 2004 eröffnet wurde. Es zeigt Auszüge aus dem in Wermutshausen, Schwäbisch Hall und Mergentheim entstandenen »Haushaltungsbuch« der Geschwister Mörike, in dem der Dichter die Zahlenkolonnen mit Zeichnungen häuslicher Szenen, mit Landschafts- und Gebäudeskizzen verziert hat. Auch werden im Mörike-Kabinett weitere Erinnerungsstücke wie Bleistift, Schreibfeder, eine Dichterlocke, die Schnupftabaksdose und Stücke aus Mörikes Petrefaktensammlung aufbewahrt, die er u. a. am nahen Trillberg gesammelt hat. An einer Hörstation kann man Interpretationen seiner in Mergentheim entstandenen Gedichte lauschen und anhand von Abbildungen Spaziergänge Mörikes in der Umgebung nachvollziehen.

Wir gehen wieder zurück an den Marktplatz. Nicht weit entfernt vom in der Mitte des Platzes stehenden Rathaus sehen wir ein älteres Haus, das die Aufschrift »Wachszieherei Ehrler« und eine Gedenktafel trägt.

8 Wohnhaus von Hans Heinrich Ehrler Hans-Heinrich-Ehrler-Platz 18

In diesem Haus wurde der Dichter Hans Heinrich Ehrler (1872–1951) geboren und hat dort seine Kindheit und Jugend verlebt. Er war ein stilistisch konventioneller Lyriker und Erzähler mit vorwiegend religiösen Themen, geprägt von Heimat- und Naturliebe und Innerlichkeit, Verfasser von kulturphilosophischen Betrachtungen und eines Heimatlob-Buches *Die Reise in die Heimat* (1926). An seinem Geburtshaus ist eine Gedenktafel zu sehen, die zu seinem 80. Geburtstag, ein Jahr nach seinem Tod, gestiftet wurde.

Im Stadtarchiv gibt es ein Ehrler-Zimmer, am Alten Friedhof das Dichtergrab und den Oberen Markt hat man nach ihm den Hans-Heinrich-Ehrler-Platz benannt.

Von Bad Mergentheim nimmt man die Bundesstraße 290 Richtung Crailsheim und zweigt auf ihr nach etwa 10 Kilometern in Richtung Niederstetten und von dort am oberen Ortsende nach Wermutshausen ab.

Niederstetten-Wermutshausen

Wir fahren auf die vor uns sich erhebende Kirche zu. Direkt unterhalb liegt an der Durchgangsstraße das

Li.: Wermutshausen. Aquarell von Eduard Mörike. Re: Eduard Mörike (li.) und Wilhelm Hartlaub, um 1866

9 Pfarrhaus Wohnhaus von Wilhelm Hartlaub Mörike-Gedenkzimmer Wermutshausen 25

Im Pfarrhaus von Wermutshausen lebte Eduard Mörike von September 1843 bis April 1844 bei seinem »Urfreund« Wilhelm Hartlaub (1804–1885), einem Studienkollegen aus Tübingen, den er auch während seiner Mergentheimer Zeit mehrfach aufsuchte. Über diese für den gesundheitlich angeschlagenen Mörike erholsame Zeit urteilte der ehemalige Bundespräsident Theodor Heuss: »Die herzliche Wärme dieses Pfarrhauses in Wermutshausen schenkte ihm zwischen mancher innerer Unruhe die Sicherheit zu neuem Wagnis.« Mörike selbst schrieb an seinen Freund Karl Mayer: »Nun bin ich seit drei Wochen hier bei meinem Freund Hartlaub und bringe, der frischen Luft wegen, beinah den ganzen Tag in einer Gartenlaube liegend zu ... Ich esse dort, zwei von den Kindern tragen ihren Teller, mir zur Gesellschaft, auch heraus, und zum Mittagskaffee kommt hier alles zusammen. Da wird geplaudert, vorgelesen, wir holen Birn und Pflaumen mit Stangen von dem Baum, erwarten das Aufgehn der ungeheuren Prachtblume von einem Cactus nycticallus, oder beobachten, wie gestern, die Herrlichkeit eines Gewitters. Unter dem vollkommensten Regenbogen, den ich vielleicht in meinem Leben sah, flog eilig eine Schar von weißen Tauben auf grauem Grund.«

Im Pfarrhaus gibt es ein Mörike-Gedenkzimmer mit Erinnerungsstücken an den Dichter und seinen Gastgeber.

Über Vorbachzimmern und Laudenbach, wo Mörike die Marien-Bergkirche besichtigt und bedichtet hat, gelangen wir bei Weikersheim wieder ins Taubertal, wenden uns nach rechts bis Schäftersheim und zweigen dort zur Bundesstraße 19 ab, auf der wir zurück nach Würzburg fahren.

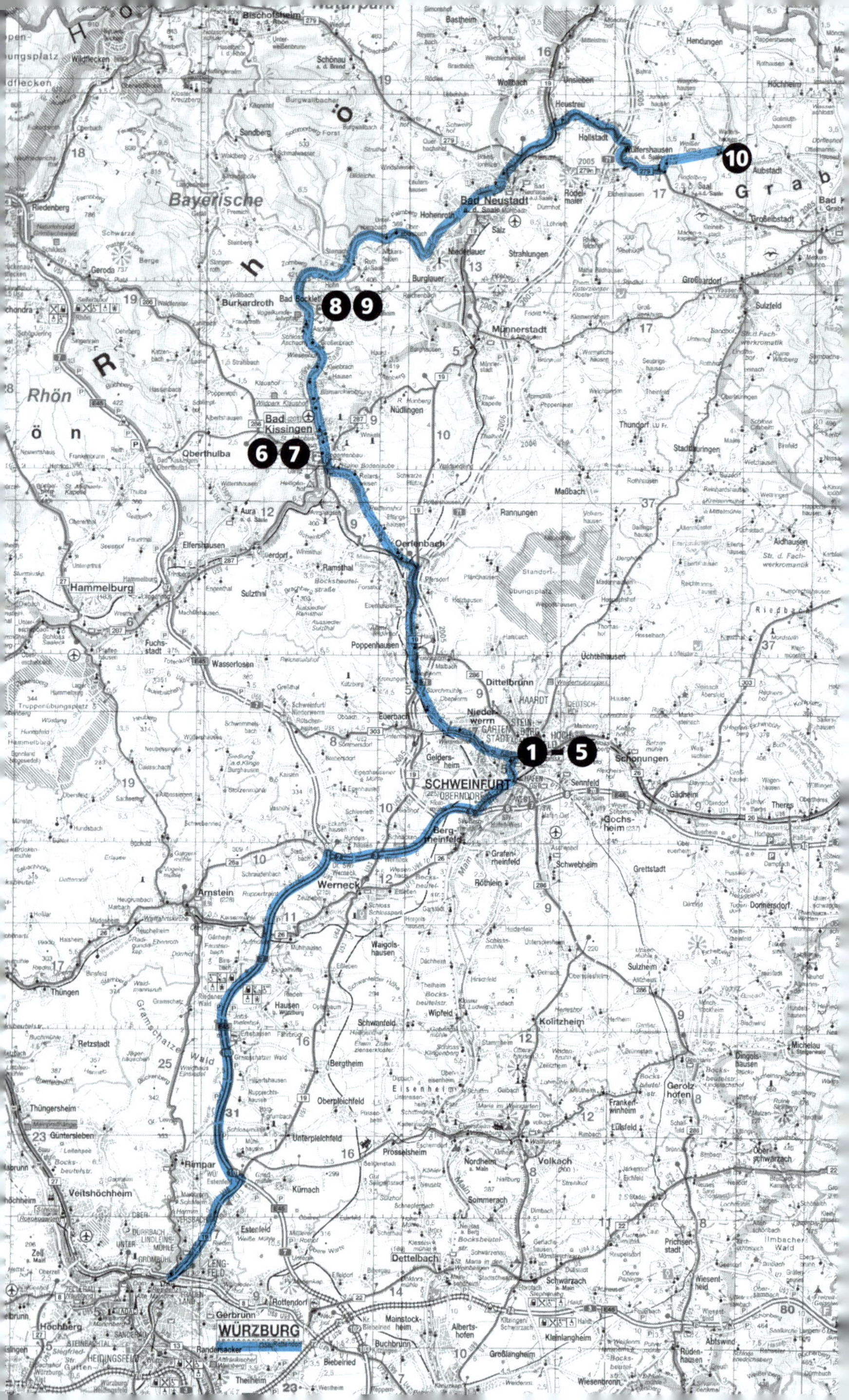

Bischofsheim
Wildflecken
Bayerische
Rhön
Bad Neustadt a. d. Saale
Hohenroth
Mellrichstadt
Hollstadt
Wülfershausen
10
Aubstadt
Bad Königshofen i. Grabfeld
Großeibstadt
Salz
Niederlauer
Burglauer
Münnerstadt
Bad Bocklet
8
9
Burkardroth
Bad Kissingen
6
7
Oberthulba
Nüdlingen
Aura a. d. Saale
Elfershausen
Hammelburg
Oerlenbach
Ramsthal
Sulzthal
Fuchsstadt
Wasserlosen
Poppenhausen
Dittelbrunn
Niederwerrn
Schweinfurt
1
5
Schonungen
Sennfeld
Gochsheim
Bergrheinfeld
Grafenrheinfeld
Werneck
Arnstein
Schwebheim
Röthlein
Thüngen
Retzstadt
Hausen
Bergtheim
Schwanfeld
Wipfeld
Kolitzheim
Oberpleichfeld
Unterpleichfeld
Prosselsheim
Kürnach
Rimpar
Thüngersheim
Güntersleben
Veitshöchheim
Estenfeld
Lengfeld
Rottendorf
Gerbrunn
Würzburg
Randersacker
Dettelbach
Volkach
Nordheim a. Main
Sommerach
Schwarzach
Gerolzhofen
Frankenwinheim
Lülsfeld
Sulzheim
Stadtlauringen
Thundorf
Maßbach
Rannungen
Üchtelhausen
Kleinlangheim
Großlangheim
Mainstockheim
Albertshofen
Biebelried
Buchbrunn
Höchberg
Zell a. Main
Prichsenstadt
Wiesentheid
Abtswind
Rüdenhausen
Michelau
Dingolshausen
Oberschwarzach
Grettstadt
Donnersdorf
Theres
Sulzfeld
Großbardorf
Hendungen
Heustreu
Wollbach
Unsleben
Schönau a. d. Brend
Sandberg

2. Schweinfurt · Bad Kissingen Bad Bocklet · Waltershausen

Von Würzburg führt uns die Autobahn oder die B 19 nach Schweinfurt, wo wir den Wegweisern ins Zentrum folgen.

Schweinfurt

Die ehemalige freie Reichsstadt Schweinfurt, seit dem Ende des 19. Jahrhunderts eine der Industriemetropolen Frankens, ist nicht nur als Geburtsstadt von Friedrich Rückert von kultureller Bedeutung. Durch das Museum Georg Schäfer mit seiner umfangreichen Privatsammlung des Industriellen und durch das Museum Otto Schäfer mit seiner reichhaltigen Bibliothek hat die Stadt seit einigen Jahren auch kulturelle Vorzeigeeinrichtungen in ihren Mauern. Den Namen der Stadt hat übrigens – in einem scherzhaften Gedicht – bereits ihr »größter Sohn« Friedrich Rückert ändern wollen: »Kann man eine Stadt erbauen / Um den Namen dann / Ihr zu geben, den mit Grauen / Man nur nennen kann; / Hättest Mainfurt / Hättest Weinfurt, / Weil du führest Wein / Heißen können, aber Schweinfurt, / Schweinfurt mußt es sein.«

Wir beginnen unseren Rundgang am Marktplatz. An dessen südöstlicher Ecke steht das Geburtshaus von Friedrich Rückert.

1 Geburtshaus von Friedrich Rückert Rückertstraße 1/Markt

Friedrich Rückert wurde 1788 als Amtmannssohn hier am Markt geboren, verbrachte die Kindheit im 20 Kilometer entfernten Oberlauringen und besuchte in Schweinfurt das Gymnasium. Er studierte in Würzburg und Heidelberg, promovierte in Jena. Früh fühlte er sich zum Dichter berufen und schrieb erste Werke während des Aufenthalts im späteren Elternhaus in Ebern und ab 1819 in Coburg. In den Jahren 1817/18 besuchte er Rom, beschäftigte sich auf der Rückreise in Wien verstärkt mit orientalischen Sprachen, erwarb sich im Laufe der Jahre Kenntnisse in mehr als 40 Sprachen und wurde 1826 zum Professor der Orientalistik nach Erlangen berufen. 1841–1848 wirkte er mit Unterbrechungen in Berlin. Danach zog er sich auf sein Landhaus in Neuses bei Coburg zurück, wo er bis zu seinem Tod 1866 lebte (vgl. S. 77, 78, 79, 80, 81, 84 f., 143 f., 145 f.).

Rückert begann als Verfasser eher martialisch-antinapoleonischer Verse (*Geharnischte Sonette*) und schrieb eine Reihe von Gedichten im Volksliedton, die ihn zum meist vertonten Liederdichter seiner Zeit machten. Er wandte sich Übersetzungen und formstrengen Nachdichtungen aus orientalischen Sprachen zu (*Die Weisheit des Brahmanen*, *Östliche Rosen*, Übersetzungen von Hafis, Firdausi und Teilen des Koran). Er hinterließ neben ein paar Dramen ein äußerst reichhaltiges lyrisches Werk; es scheint im Nachhinein, als seien ihm alle persönlichen Erlebnisse sogleich in Verse geflossen, so etwa die Liebesbeziehungen des jungen Dichters (*Agnes' Todtenfeier*, *Amaryllis*, *Liebesfrühling*) und der Tod seiner beiden Kinder Ernst und Luise (vgl. S. 77). In seinen letzten Lebensjahren veröffentlichte er keine Gedichte mehr, schrieb aber über 16 Jahre hinweg ein gewaltiges Tagebuch in Versen.

Von hier aus sehen wir bereits das Rückert-Denkmal auf dem Marktplatz.

Friedrich Rückerts Geburtshaus, um 1900

Friedrich Rückert. Daguerreotypie, um 1840

Schweinfurt, Altes Gymnasium

2 Rückert-Denkmal Marktplatz

Das Denkmal, das von Wilhelm von Tümann und Friedrich von Thiersch geschaffen wurde, hat die Bürgerschaft mit Hilfe von Spenden aus ihren Reihen dem Ehrenbürger 1890 errichtet. Der Dichter sitzt in typischer Denkerpose auf einem Postament, an der Seite weibliche allegorische Figuren, die die Vaterlandsdichtung und die orientalischen Dichtungen symbolisieren.

Wir gehen am nordwestlichen Ende des Marktplatzes die Treppen hoch zur Stadtkirche St. Johannis. Am Martin-Luther-Platz, der diese umgibt, steht der Renaissancebau des Alten Gymnasiums, der heute das Stadtmuseum beherbergt.

3 Stadtmuseum Altes Gymnasium Schule von Friedrich Rückert und Oskar Panizza Martin-Luther-Platz

Im oberen Stock des Museums befindet sich seit 1892 – zehn Jahre nach dem Auszug des Gymnasiums – ein im Stil des 19. Jahrhunderts eingerichtetes Rückert-Zimmer mit Porträts, Erstausgaben, Kopien von Originalmanuskripten und einigen Habseligkeiten des Dichters, der hier 1802–1805 zur Schule ging. Im neuen Bau am südwestlichen Ende des Martin-Luther-Platzes, dem Friedrich-Rückert-Bau, ist das Stadtarchiv untergebracht, in dem die wesentlichen Teile des Rückert-Nachlasses verwahrt werden

Ins Alte Gymnasium ging 1868–1870 auch der aus Bad Kissingen stammende spätere Schriftsteller

Olympia Morata. Ölgemälde, 1540/48

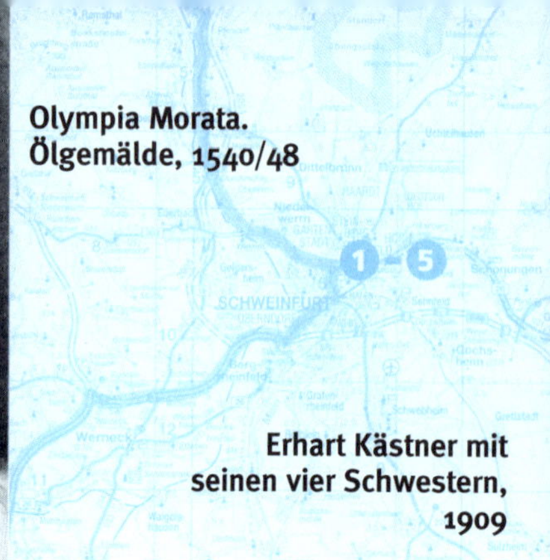

Erhart Kästner mit seinen vier Schwestern, 1909

Oskar Panizza und legte hier 1876 als Externer das Abitur ab (vgl. auch S. 51).

Wir gehen wieder hinab zum Marktplatz und biegen in die Brückenstraße ein. Auf der rechten Seite finden wir auf einem Sockel eine kleine Bronzebüste, die die Dichterin Olympia Morata darstellt.

4 Gedenkbüste von Olympia Morata Brückenstraße 12

Die Büste, geschaffen 1998 von Albert Ultsch, erinnert wie auch eine Gedenktafel an die Dichterin Olympia Fulvia Morata (1526–1555), die vier Jahre im mittlerweile nicht mehr existierenden Haus Brückenstraße 12 wohnte. Sie wurde als Tochter eines Gelehrten in Ferrara in eine Protestantenfamilie geboren, als »literarisches Wunderkind« erzogen und war eine der wenigen humanistisch gebildeten und lateinisch schreibenden Dichterinnen ihrer Zeit. Die Protestantenfamilie wurde in Ferrara verfolgt. Olympia Morata heiratete 1549 den dort Medizin studierenden Schweinfurter Andreas Grundler und zog mit ihm und ihrem achtjährigen Bruder 1550 in das protestantisch gewordene Schweinfurt. Nachdem die Stadt durch den Markgrafen von Ansbach-Brandenburg belagert und ein Jahr später völlig niedergebrannt war, floh die kleine Familie 1554 unter Zurücklassung ihrer Bücher vor den Kriegswirren auf abenteuerliche Weise nach Heidelberg, wo Grundler einen Lehrstuhl erhielt. Dort starben die von der Flucht entkräftete Olympia Morata 1555 an einer Infektion und wenig später ihr Mann und ihr Bruder an der Pest. Erhalten blieben aus ihrem Werk die Briefe, lateinische und griechische Reden, Dialoge, Gedichte, zwei lateinische Versionen von Geschichten aus Boccaccios *Dekameron* und eine griechische Psalmenparaphrase.

Wir wenden uns wieder zurück zur Kreuzung und biegen rechts in die Rückertstraße ein, wo wir bis zu den

Resten der Stadtmauer weitergehen. Rechts führt eine Treppe auf den Unteren Wall.

5 Geburtshaus von Erhart Kästner Am Unteren Wall 6

Wer das eine oder andere Buch des Reiseschriftstellers und Essayisten Erhart Kästner (1904–1974) in die Hand nimmt, wird dort vielleicht die Stadt Augsburg als dessen Geburtsort verzeichnet finden. Doch der Sohn eines Lehrers am Alten Gymnasium hat seinen Geburtsort Schweinfurt verleugnet und durch den Ort, in dem er den größten Teil seiner Kindheit verbrachte, ersetzt. Denn Erhart Kästner wurde 1904 in dem Haus am Unteren Wall, das in veränderter Form heute noch steht, geboren. Er verfasste während des Zweiten Weltkriegs im Auftrag der Deutschen Wehrmacht ein weit verbreitetes Griechenlandbuch (1942) für die deutschen Soldaten, in dem die Verwandtschaft des griechischen und deutschen Geistes zum Ausdruck kommen sollte und das Kästner nach dem Krieg in überarbeiteter Form unter dem Titel *Ölberge, Weinberge* (1953) neu vorlegte. Auch sein Kretabuch erschien in einer »unpolitischen« Fassung. Später folgten noch weitere Reisebücher und Essays des bedeutenden Stilisten, Essayisten und Bibliothekars.

Wir kehren zum Auto zurück, verlassen die Stadt über die B 303 Richtung Bad Kissingen und fahren auf der B 19 bzw. der Autobahn Richtung Erfurt. Wir kommen dicht am Dorf Oberwerrn vorbei, dem mutmaßlichen Geburtsort des mittelalterlichen Dichters Hugo von Trimberg, und zweigen nach 15 Kilometern auf der B 286 nach Bad Kissingen ab.

Bad Kissingen

Bad Kissingen war seit dem 18. Jahrhundert bis zum Zweiten Weltkrieg einer der bekanntesten Badeorte Europas und nennt sich bis heute stolz »Weltbad«. Nicht nur gekrönte Häupter, Adelige und reiche Bürger aus aller Welt kurierten sich hier von ihren Leiden und suchten die Gesellschaft Gleichgesinnter und Gleichrangiger, auch eine Reihe von Künstlern und Schriftstellern zog es zum Kuren hierher. Aus ihren Briefen und Tagebüchern erfahren wir einiges über ihre Aufenthalte, auch wenn die Hotels nicht mehr alle zu ermitteln sind. Dazu gehören u. a. Friedrich Gottlieb Klopstock (1780), Matthias Claudius (1780), Berthold Auerbach, Edward Bulwer-Lytton, der Autor von *Die letzten Tage von Pompeji*, Leo Tolstoj

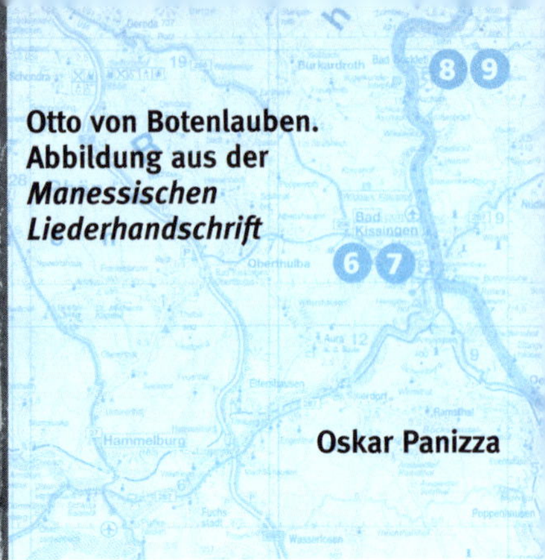

Otto von Botenlauben. Abbildung aus der *Manessischen Liederhandschrift*

Oskar Panizza

(1860), Joseph von Scheffel, Paul Heyse, Theodor Fontane (mehrmals ab 1899), Wladimir Nabokov (als Kind 1910), George Bernard Shaw (1912), Carl Hauptmann (1915), Alfred Döblin (1916), Ernst Barlach, Werner Bergengruen, Ernst von Salomon und Leonhard Frank (1961).

Bereits vor Bad Kissingen biegen wir im Ortsteil Arnshausen von der Bundesstraße rechts in den Ortsteil Reiterswiesen ab. In der Kissinger Straße wenden wir uns nach links und biegen dann nach rechts bergauf zur Burgruine Botenlaube ab.

6 Ruine Botenlaube Stammsitz von Otto von Botenlauben Burgstraße

Otto von Botenlauben (um 1175–um 1244) gehörte dem mächtigen fränkischen Grafengeschlecht der Henneberger an und hatte seinen Wohnsitz auf der Burg Botenlaube. 1197 fuhr der junge Ritter ins Heilige Land und heiratete dort Beatrix von Courtenay, die Tochter eines französischen Adeligen, der dort Güter und Herrschaft erworben hatte. Um 1220 verkaufte das Paar den reichen Besitz an den Deutschen Orden und kehrte auf die Burg Botenlaube zurück. 1234 veräußerten sie auch die Burg an den Würzburger Bischof, nachdem sie das Zisterzienserinnenkloster Frauenroth rund 10 km nordwestlich gegründet hatten, wo sie auch beide begraben liegen. Ihr Doppel-Epitaph gehört zu den schönsten Zeugnissen gotischer Bildhauerkunst. Otto hatte als Minnesänger einen guten Ruf, seine Werke wurden in die berühmte *Manessische Liederhandschrift* (1305–1340) aufgenommen.

Wir fahren zurück zur Kissinger Straße und von da hinab in die Innenstadt mit dem Kurviertel. Zwischen Kurgarten und Bahnhof führt die Kurhausstraße bergauf zum Haus Nr. 9.

7 Geburtshaus von Oskar Panizza Kurhausstraße 9

Am ehemaligen »Russischen Hof«, in dem heute noch das »Café Russie« untergebracht ist, sieht man eine Gedenktafel, die an den in diesem Haus geborenen ungeliebten Sohn der Stadt, den Dichter Oskar Panizza, erinnert. Oskar Panizza (1853–1921), der auch eine seiner Erzählungen (*Der Stationsberg*, 1890) in Kissingen spielen ließ, war Hotelierssohn im ehemaligen »Russischen Hof«. Er verbrachte hier seine Kindheit unter der Obhut einer ebenso strenggläubig protestantischen wie geschäftstüchtigen Mutter, nachdem der Vater, mit dessen Familie sie jahrelang gerichtlich um die »richtige« konfessionelle Erziehung der Kinder stritt, früh gestorben war.

Nach Oskar Panizzas Medizinstudium und seiner Approbation als Psychiater ließ er sich in München nieder, begann zu schreiben und wurde Mitglied der »Münchener Moderne«. Er verfasste u. a. psychologisierende Erzählungen und provozierende antikatholische Geschichten und Kampfschriften sowie das Drama *Das Liebeskonzil* (1894), das ihm wegen »Vergehens gegen die Religion« eine Freiheitsstrafe von einem Jahr im Zuchthaus von Amberg einbrachte. Danach ging er nach Zürich und Paris, wurde vom national eingestellten Protestanten zum Anarchisten und Atheisten, litt zunehmend unter Verfolgungsängsten. Nachdem ihm die Familie den Unterhalt und sein langjähriger Mitstreiter Michael Georg Conrad die Zuneigung entzogen hatte, provozierte er selbst seine Einweisung in die Psychiatrie. Die letzten anderthalb Jahrzehnte seines Lebens verbrachte er in einer Heilanstalt in Bayreuth, wo er 1921 verstarb (vgl. S. 47 f., 93).

Von Bad Kissingen fahren wir auf dem Stadtring in nördlicher Richtung hinab ins Saaletal (Richtung Bad Neustadt) und erreichen nach einigen Kilometern den kleinen Kurort Bad Bocklet, der in der Biedermeierzeit seine Hochblüte erreichte.

Bad Bocklet

Neben der Kirche finden wir etwas abseits der Hauptstraße den Friedhof.

8 Friedhof Grabstein von Auguste Böhmer Schulstraße

Neben dem Treppenaufgang zum Friedhof sieht man einen Grabstein, der an das »Wunderkind der Jenaer Romantik« erinnert, an Auguste Böhmer, die während einer Kur ihrer Mutter Caroline Schlegel 1800 im Al-

Waltershausen, Schloss Tennebe

ter von 15 Jahren in Bad Bocklet starb und die sogar Goethe als liebreizend empfand. Der Streit um ihren Tod, der von Zeitgenossen auch auf die laienhaften Behandlungsmethoden des Geliebten ihrer Mutter, des Naturphilosophen Friedrich Wilhelm Schelling (vgl. S. 143), zurückgeführt wurde, führte u. a. zum Zerfall des Kreises der Jenaer Romantiker. Augustes Stiefvater, der bedeutende Shakespeare-Übersetzer August Wilhelm Schlegel, verfasste eine Reihe von Gedichten auf ihren Tod.

Wir wenden uns die Straße An der Promenade bergab zu den Kuranlagen. Im Kurmittelhaus finden wir ein Triptychon.

9 Kurmittelhaus Auguste-Böhmer-Triptychon An der Promenade

Im Auftrag der Eltern von Auguste Böhmer fertigte der berühmte norwegische Bildhauer Bertel Thorwaldsen (1768 oder 1779–1844) in Rom ein Triptychon aus weißem Marmor, das im Thorwaldsen-Museum in Kopenhagen zu bewundern ist. Im Kurmittelhaus ist ein Gipsabdruck davon zu sehen. Die Relieftafeln zeigen Auguste Böhmer, wie sie ihrer kranken Mutter Caroline Schlegel eine Schale mit Heilwasser reicht.

Wir fahren im Saaletal weiter, kommen durch Steinach, wo eine Erzählung aus W. G. Sebalds Buch »Die Ausgewanderten« spielt, schließlich bis nach Bad Neustadt. Dort zweigen wir auf die B 279 Richtung Bad Königshofen/Coburg, von dieser in Saal an der Saale nach Wülfershausen und von dort nach Waltershausen ab.

Saal a. d. Saale – Waltershausen

10 Wohnsitz von Charlotte von Kalb Aufenthaltsort von Friedrich Hölderlin Charlotte von Kalb-Straße

Im Schloss von Waltershausen lebte Charlotte von Kalb (1761–1843), geborene von Ostheim (von Goethe

Charlotte von Kalb. Gemälde von Friedrich August Tischbein

Friedrich Hölderlin. Pastell von Franz Hiemer, 1792

»die Ostheim« genannt), Freundin Friedrich Schillers und Jean Pauls. In ihrem Haus nahm sie 1798 auf Empfehlung Schillers den jungen Dichter Friedrich Hölderlin (1770–1843), der gerade sein Theologiestudium am Stift in Tübingen zusammen mit den Philosophen Hegel und Schelling beendet hatte, als Hauslehrer auf. Dieser war der Aufgabe, den offenbar schwer erziehbaren Sohn zu betreuen, nicht in ausreichendem Maße gewachsen, so dass seine Arbeitgeberin ihn nach einigen Monaten freistellte. Während der Waltershauser Zeit arbeitete Hölderlin vor allem an seinem *Hyperion* (1797–99).

Später ging Hölderlin, der als einer der bedeutendsten deutschen Lyriker gilt, nach Jena und Bad Homburg, wo er bei dem Bankier Gontard als Hauslehrer tätig war. Nach 1800 verfiel er zusehends in Vereinsamung und etwa ab 1807 in geistige Umnachtung. Seine letzten Lebensjahrzehnte verbrachte er in Tübingen abgeschieden im Haus des Tischlermeisters Zimmer.

Das Schloss Waltershausen ist heute im Privatbesitz, ein Hölderlin-Gedenkzimmer ist eingerichtet.

Wer noch Zeit hat, kann von hier aus einen Abstecher ins nahe Thüringen machen. Der Zufluchtsort Schillers, das kleine Walddorf Bauerbach mit seiner Gedenkstätte, lockt so manche Literaturfreunde wie auch das nahe Meiningen mit seinem Literaturmuseum »Baumbachhaus«, dem berühmten Theater und den Erinnerungen an den Aufenthalt von Schiller, Jean Paul, Baumbach und Bechstein sowie der Musiker Johannes Brahms und Max Reger. Ansonsten fahren wir von Waltershausen über die Autobahn zurück nach Würzburg.

Bamberg, Domgässchen

III.
Spaziergang durch Bamberg

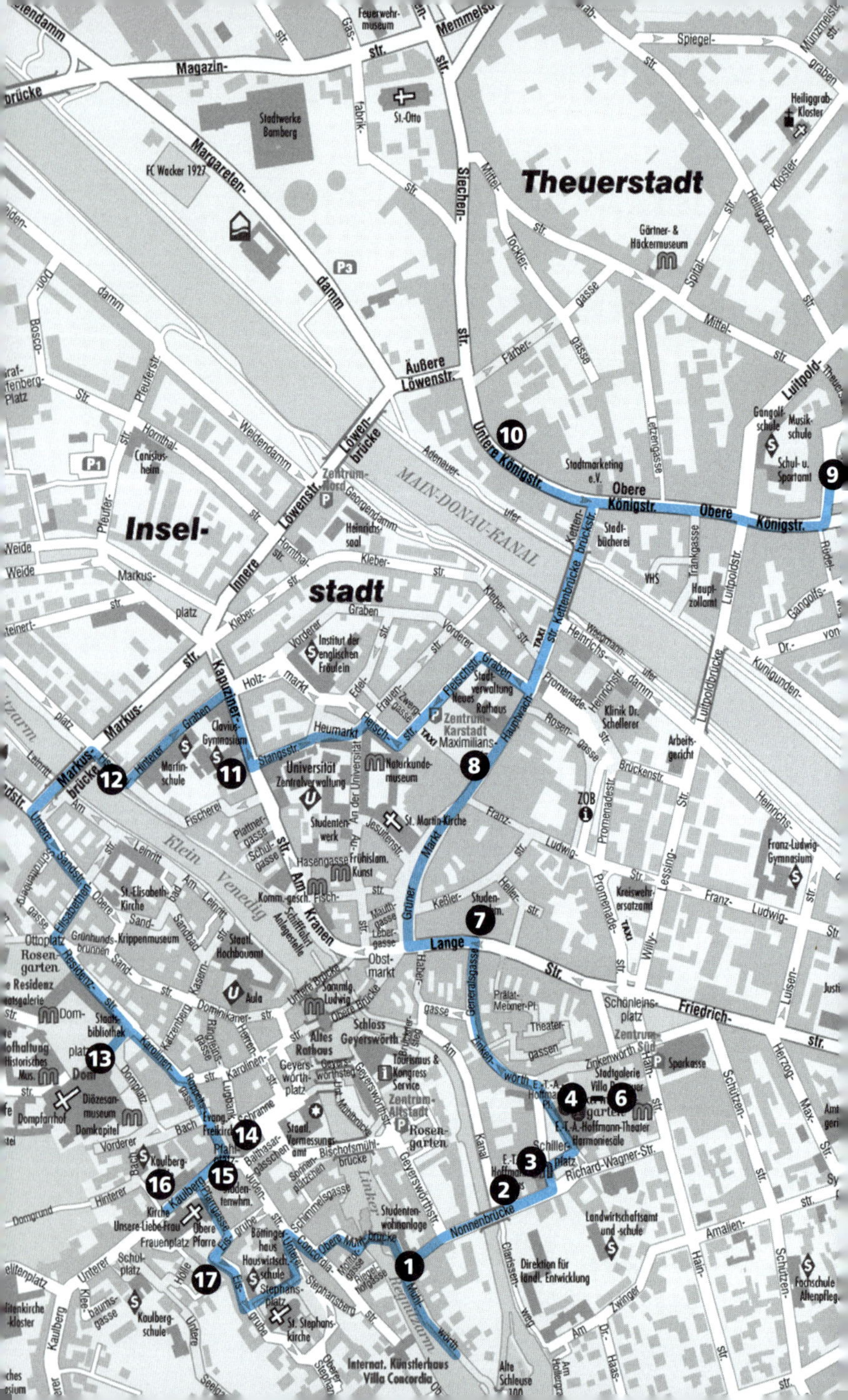
Theuerstadt
Insel-
stadt
Feuerwehr-
museum
Memmelsd
Magazin-
str.
St.-Otto
Stadtwerke
Bamberg
FC Wacker 1927
Margareten-
damm
P3
Siechen-
str.
Mittel-
Tockler-
gasse
Gärtner- &
Häckermuseum
Spiegel-
graben
Heiliggrab-
Kloster
Kloster-
Heiliggrab-
str.
Spital-
Mittel-
Äußere
Löwenstr.
Färber-
gasse
Letzengasse
Luitpold-
Gangolf-
schule
Musik-
schule
Schul- u.
Sportamt
Untere Königstr.
Stadtmarketing
e.V.
Obere
Königstr.
Obere
Königstr.
Stadt-
bücherei
VHS
Haupt-
zollamt
Trankgasse
Luitpoldstr.
Luitpoldbrücke
Löwen-
brücke
Zentrum-
Nord
Georgendamm
Heinrichs-
saal
MAIN-DONAU-KANAL
Adenauer-
ufer
Ketten-
brückstr.
Kettenbrücke
Weidendamm
Hornthal-
Canisius-
heim
P1
Pfeufer-
str.
Pfeuferstr.
Bosco-
Graf-
Stauffenberg-
Platz
Weide
Markus-
platz
Innere
Löwenstr.
Hornthal-
str.
Kleber-
str.
Graben
Institut der
englischen
Fräulein
Vorderer
Kleber-
Heinrichs-
damm
Weegmann-
ufer
Kunigunden-
Gangolfs-
Markus-
str.
Kapuziner-
str.
Holz-
markt
Edel-
Frauen-
gasse
Zwerg-
gasse
Fleischstr.
Graben
Stadt-
verwaltung
Neues
Rathaus
Zentrum-
Karstadt
Maximilians-
Hauptwach-
Promenade-
Rosen-
gasse
Klinik Dr.
Schellerer
Heinrichstr.
Arbeits-
gericht
Brückenstr.
Hinterer
Graben
Martin-
schule
Clavius-
Gymnasium
Stangsstr.
Heumarkt
Universität
Zentralverwaltung
Naturkunde-
museum
An der Universität
Markus-
brücke
Fischerei
Plattner-
gasse
Schul-
gasse
Studenten-
werk
St. Martin-Kirche
Jesuitenstr.
Franz-
Ludwig-
ZOB
Promenadestr.
Hasengasse
Frühislam.
Kunst
Grüner
Markt
Franz-Ludwig-
Gymnasium
Lessing-
Klein
Venedig
St.-Elisabeth-
Kirche
Krippenmuseum
Sand-
Sandbad
Staatl.
Hochbauamt
Komm.-gesch.
Fisch-
Schiffahrt
Anlegestelle
Am
Kranen
Mauth-
gasse
Leber-
gasse
Keßler-
Studen-
Heller-
Kreiswehr-
ersatzamt
Promenade
Franz-
Ludwig-
Ottoplatz
Rosen-
garten
Residenz
Elisabethen-
Obere
Sand-
Grünhunds-
brunnen
Residenz-
str.
Kasern-
Untere Brücke
Sammlg
Ludwig
Obere Brücke
Obst-
markt
Lange
Str.
Generalsgasse
Prälat-
Meixner-Pl.
Theater-
gassen
Schönleins-
platz
Friedrich-
str.
Willy-
Dom-
Staats-
bibliothek
Dominikaner-
str.
Herren-
Ringleins-
gasse
Aula
Schloss
Geyerswörth
Altes
Rathaus
Karolinen-
str.
Katzenberg
Dom
Historisches
Mus.
Domplatz
Geyers-
wörth-
platz
Geyers-
wörthsteg
Geyerswörthstr.
Tourismus &
Kongress
Service
Zentrum-
Altstadt
Zinken-
wörth
Zinkenwörth
Stadtgalerie
Villa Dessauer
E.T.A.-
Hoffmann-
Pl.
E.T.A.-Hoffmann-Theater
Harmoniesäle
Zentrum-
Süd
Sparkasse
Schützen-
Herzog-
Max-
Diözesan-
museum
Domkapitel
Dompfarrhof
Lugbank
Schranne
Evang.
Freikirche
Staatl.
Vermessungs-
amt
Rosen-
garten
Bischofsmühl-
brücke
Schiller-
platz
Richard-Wagner-Str.
Kaulberg-
Vorderer
Bach
Pfahl-
plätzchen
Balthasar-
gässchen
Judenstr.
Studen-
tenwhn.
Sonnen-
plätzchen
Linker
Regnitzarm
Kanal
Nonnenbrücke
Studenten-
wohnanlage
Landwirtschaftsamt
und -schule
Amalien-
Hain-
Kaulberg
Hinterer
Kirche
Unsere-Liebe-Frau
Obere
Pfarre
Frauenplatz
Eisgrube
Böttinger-
haus
Hauswirtsch.
schule
Concordia-
str.
Obere Mühl-
brücke
Mühl-
wörth
Schimmelsgasse
Claßsen-
weg
Direktion für
ländl. Entwicklung
Zwinger
Schützen-
Fachschule
Altenpfleg.
Unterer
Schul-
platz
Höhle
Stephans-
platz
St. Stephans-
kirche
Stephansberg
Klee-
baums-
gasse
Kaulberg-
schule
Untere
Domgrund
Karmelitenplatz
Karmelitenkirche
-Kloster
Internat. Künstlerhaus
Villa Concordia
Alte
Schleuse
Am
Hollergraben
Dr.-Haas-
Am
Seelos
Oberer
Stephansberg
1
2
3
4
6
7
8
9
10
11
12
13
14
15
16
17

Bamberg. Farbige Lithographie von S. Scharnagel, nach 1820

Bamberg, das »fränkische Rom«, auf sieben Hügeln erbaut, ehrwürdige Kaiser- und Barockstadt, im Krieg nahezu unzerstört, über 1000 Jahre alt und mittlerweile Teil des UNESCO-Weltkulturerbes, wirkt idyllisch und behaglich, ein fränkisches Kleinod im Regnitztal kurz vor der Mündung des Flusses in den Main. Mit seinen stillen, verwinkelten Altstadtgassen, dem holprigen Kopfsteinpflaster, den schmucken Fischerhäusern in »Klein-Venedig« und den prächtigen Palaisbauten und Bürgerhäusern im Berggebiet und im Bamberger Hain übte die Stadt stets eine besondere Anziehungskraft auch auf Künstler aus, die in ihren Mauern Stille und Inspiration suchten. Aus alten Mauerritzen und geheimnisvollen Hausfluren, aus Kreuzgängen und Burgverliesen scheinen in Bamberg überall Geschichten aufzusteigen, die von buckligen Männlein und Gespenstern aller Art künden: »Das ist eine Stadt, die steckt voller Raritäten, wie die Commode meiner alten Großmama, die viel zusammenscharrte«, wie Karl Immermann (1796–1840) es formulierte. Viele Schriftsteller hielten sich gerne in der alten Residenzstadt auf, genossen das liebliche Klima und die schöne Architektur ebenso wie die fränkischen Bratwürste und das legendäre Bamberger Bier. Der Einfluss des nicht nur das Städtebild beherrschenden Domberges mit dem Erzbischöflichen Ordinariat war und ist bis heute enorm spürbar und lebendig; doch ließen sich die bürgerlichen Kreise in dieser weitgehend katholischen Provinzstadt auch ihre Freude an der Kunst und am Kulinarischen niemals verdrießen. Bamberg selbst hat keine Autoren von Rang hervorgebracht, aber die Stadt bot stets vielen Vertretern der schreibenden Zunft, vor allem wenn sie in schwierige Lebensverhältnisse geraten waren, Herberge und Unterschlupf. Gerade zahlreiche Romantiker, die sich für die Begegnung mit den Überresten mittelalterlicher Baukunst und Geisteskultur in Verbindung mit südländischer, fast italienischer Atmosphäre interessierten, reisten gerne nach Bamberg. So auch Wilhelm Heinrich Wackenroder (1773–1798) und sein Freund Ludwig

Tieck (1773–1853), die beide in Erlangen studierten, sich für die fränkische Landschaft begeisterten und Ausflüge in die Fränkische Schweiz, nach Nürnberg, Kulmbach und im Juli sowie August 1793 auch nach Bamberg unternahmen. »Der Charakter der Bamberger soll im allgemeinen Biederherzigkeit, Phlegma, Aberglaube und häufiges Biertrinken sein« – diese lakonische Bemerkung Wackenroders korrespondiert zum Beispiel mit Impressionen, die ihr Studienkollege Karl Julius Weber (1767–1832), ein aus der hohenlohenschen Residenzstadt Langenburg stammender Jurist und Satiriker, über die »heillose Pfafferei und Bigotterie« in Bamberg niederschrieb.

Anfang Mai 1800 reisten Caroline Schlegel (1763–1809) und ihr Mann August Wilhelm Schlegel (1767–1845), ihre Tochter Auguste Böhmer (1785–1800) und der junge Friedrich Wilhelm Schelling (1775–1854) mit der Kutsche von Jena nach Bamberg und blieben dort bis zum Oktober. Man besuchte unter anderem Schloss Seehof, die Altenburg und ein »Tanzhaus in Buch« – Bug, das ist ein Vorort von Bamberg –, und August W. Schlegel hielt naturphilosophische Vorlesungen vor einem ausgewählten Kreis. Mehrfach versuchten Schelling und Caroline, ein »Wiedemannsches Gartenhaus« bzw. eine Wohnung in Bamberg anzumieten, später wohnten sie im Hotel »Bamberger Hof«. Zwischen der erkrankten Caroline, die von Bamberg aus ins unterfränkische Bad Bocklet zur Kur fahren wollte, und Schelling hatte sich offenbar eine Liebschaft entwickelt, die in Jena und Weimar schon zu Gerüchten geführt hatte. So verlebten sie fernab der Salons und Gesellschaften glückliche Tage in Bamberg, bis Caroline mit Auguste zur Kur abfuhr. Die erst 15-jährige Auguste erkrankte an Ruhr und verstarb am 12. August. Schelling, der in Bamberg medizinische Studien betrieben und diese im Kreis der an der Akademie lehrenden Ärzte Adalbert F. Marcus (1753–1816) und Johann Andreas Röschlaub (1786–1835), einem Verfechter der Brownschen Erregbarkeitstheorie, diskutiert hatte, hatte vergeblich versucht, die todkranke Auguste zu retten. Diese Tragödie zerstörte den frühromantischen Freundeskreis, Zeitungen und Journale berichteten ausführlich

**Caroline Schlegel.
Stich von A. Weger, 1798**

**August Wilhelm Schlegel.
Gemälde von
Friedrich August Tischbein,
1793**

**Friedrich Wilhelm Joseph
von Schelling.
Zeichnung von G. Klotz**

darüber, und die Beteiligten reisten bald aus Bamberg ab.

Auch Gotthilf Heinrich von Schubert (1780–1860), Verfasser der einflussreichen Bücher *Ansichten von der Nachtseite der Naturwissenschaft* (1808) und *Die Symbolik des Traumes* (1814), der norwegische Naturphilosoph und Dichter Henrik Steffens (1773–1845), der auch als Kulturvermittler zwischen Skandinavien und Deutschland in Erscheinung trat, der Publizist und Literaturkritiker Friedrich Nicolai (1733–1811), der im Mai 1781 kam und Bamberg als »eine der schönsten Städte Deutschlands« bezeichnete, sich aber über die Mentalität seiner Bewohner ziemlich ereiferte, der Theologe Clemens Alois Bader (1762–1838) sowie Carl Gottlob Küttner (1755–1805), der Bamberg in sein Reisehandbuch aufnahm und es als lebhaft und unmodisch zugleich empfand, zählten zu den Besuchern Bambergs zu dieser Zeit.

Doch der prominenteste Reisende, der durch Bamberg kam, war Johann Wolfgang von Goethe (1749–1832). Viermal hielt sich der Bewunderer Albrecht Dürers und bekennende Frankenwein-Liebhaber, dessen Drama *Götz von Berlichingen* (1773) auch am Bamberger Bischofshof spielt, für kurze Zeit hier auf: Auf der Rückreise aus Italien im Juni 1788, auf der Hin- und Rückfahrt von und nach Venedig 1790 und auf dem Rückweg aus der Schweiz am 16. November 1797, als sich Goethe in Begleitung seines Sekretärs Johann Ludwig Geist und von Johann Heinrich Meyer befand und zu Mittag im Gasthaus »Zum Weißen Lamm« speiste. »... durch Tannenwald nach Bamberg / im Lamm Mittag / die Stadt liegt sehr angenehm und heiter ...«

Neben all diesen illustren Gästen beherbergte Bamberg für einige Monate bzw. Jahre auch zwei Männer, die bis heute weltweit Geltung besitzen: den Schriftsteller E. T. A. Hoffmann (1776–1822) und den Philosophen Georg Wilhelm Friedrich Hegel (1770–1831). Ihnen und ihren Orten in Bamberg vor allem ist der Spaziergang durch die Altstadt gewidmet.

Wir beginnen den Spaziergang auf den Spuren E. T. A. Hoffmanns am Ufer der Regnitz und setzen ihn, mit kurzen

E. T. A. Hoffmann. Stahlstich von Johann Passini nach einer Zeichnung von Wilhelm Hensel, 1821

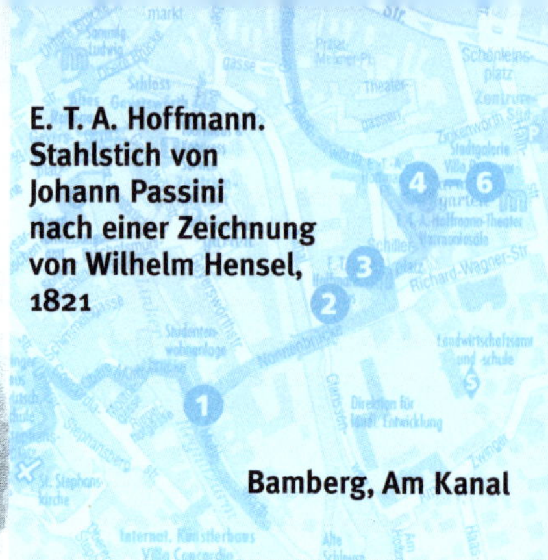

Bamberg, Am Kanal

Abstechern zu den Wohnhäusern Hegels und Karl Friedrich Wetzels (1779–1819), entlang markanter Stationen im Leben des unglücklichen Dichters und Musikers fort. Der Einstieg in den Rundgang ist an jedem Punkt möglich.

1 Erstes Wohnhaus von E. T. A. Hoffmann Nonnenbrücke 10

Die Einladung, eine Stelle in Bamberg anzutreten, erreichte den Königsberger Juristen, Komponisten und Schriftsteller Ernst Theodor Amadeus Hoffmann (1776–1822) in einer ökonomisch desolaten Situation. Im Mai 1808 schrieb er an seinen Freund Theodor Gottlieb von Hippel: »Ich mag Dir meine Noth nicht schildern; sie hat den höchsten Punkt erreicht. Seit fünf Tagen habe ich nichts gegessen, als Brod – so war es noch nie! ... Ist es Dir möglich mir zu helfen, so schicke mir etwa 20 Friedrichsd'or, sonst weiß ich bey Gott nicht, was aus mir werden soll!« Die Verzweiflung Hoffmanns hatte gute Gründe. Nach der Niederlage der Preußen in den Schlachten von Jena und Auerstedt war auch Warschau, wo Hoffmann als Regierungsrat im Staatsdienst angenehme Jahre verbracht hatte, von den Franzosen besetzt worden. Da er sich weigerte, den Treueeid auf Napoleon zu leisten, wurde er des Landes verwiesen und ging 1807 zurück nach Berlin. Seine aus Posen stammende Frau Michalina, genannt Mischa, und seine kleine Tochter Cäcilia schickte er indessen in die Heimatstadt seiner Frau. Doch seine Tochter starb, die Familie schien elend zugrunde zu gehen.

Das Glück winkte ihm erst wieder, als ihm Julius von Soden (1754–1831) eine Stelle als Musikdirektor am Theater in Bamberg anbot. Hoffmann sollte 600 Florin erhalten, die Misere schien zu Ende zu gehen. Er sagte sofort zu, reiste im Juni nach Glogau im heutigen Polen, blieb dort sechs Wochen und kam dann am 1. September 1808 mit Mischa in Bamberg an. Bamberg war damals mit 18 000 Einwohnern kleiner als Fürth oder Nürnberg, überaus katholisch, bierselig (56 Brauereien), eine Handwerkerstadt mit vielen Mühlen und Gärtnereien. »Ebenso wie wir, wenn wir

nach Bamberg kommen, begibt sich auch Hoffmann auf Spurensuche; er fahndet in dieser Stadt nach den Resten einer untergegangenen Welt, eines erträumten Mittelalters. Er sucht in Bamberg, so wie wir, die Gegenwart des Ungleichzeitigen«, so Rüdiger Safranski. Doch zuerst benötigte er eine Unterkunft, und die fand er hier in unmittelbarer Nähe des Theaters im Haus des Schönfärbers Kaspar Schneider im Haus Zinkenwörth 56 (heute: Nonnenbrücke 10) zu 12 Gulden Miete.

Die leicht kränkliche Mischa erholte sich schnell. »Die Bamberger Luft schlägt ihr an, sie wird zu meiner Freude dick und fett«, schrieb Hoffmann und vollendete, endlich zur Ruhe gekommen, die bereits in Berlin begonnene Erzählung *Ritter Gluck* (1809) und war alsbald, da sie umgehend gedruckt wurde, der Meinung: »Meine litterarische Carriere scheint beginnen zu wollen.«

Wir folgen der Straße Nonnenbrücke in östlicher Richtung und gelangen zum prächtigen Eckhaus auf der linken Seite.

2 Wohnhaus von Justus Heinrich Dientzenhofer Nonnenbrücke 1

Die Baumeisterfamilie Dientzenhofer, aus einer oberbayerischen Bauernfamilie stammend, war eng mit Bamberg verbunden. Bekanntester Vertreter waren Leonhard Dientzenhofer (1660–1707) (Wohnhaus: Lange Straße 18), der als Bamberger Hofbaumeister u. a. die Neue Residenz, Kloster Michelsberg und die im Bistum Bamberg gelegenen Klosterkirchen von Banz, Ebrach und Langheim errichtete, und sein Bruder Johann Dientzenhofer (1663–1726), der nach Anstellungen in Prag und Fulda Hofbaumeister in Bamberg wurde. Er schuf die Pläne u. a. für das Schloss Weißenstein im nahen Pommersfelden. Johann Dientzenhofers Sohn Justus Heinrich Dientzenhofer (1702–1744), der das Haus Nonnenbrücke 1 bewohnte, erbaute in Bamberg u. a. das Aufsessianum, das »Haus zum Walfisch«, das heutige »Barockhotel« unterhalb des Dombergs, Kirchen wie St. Getreu und weitere kirchliche Bauwerke als Mitarbeiter Balthasar Neumanns.

Wir queren die Straße und biegen zum Schillerplatz ein. Das zweite Haus auf der rechten Seite ist das so genannte »E. T. A. Hoffmann-Haus«.

Das Bamberger Theater und das Gasthaus »Zur Rose«. Aquarell, um 1815

3 Zweites Wohnhaus von E. T. A. Hoffmann Schillerplatz 26

1809 befanden sich französische Truppen in Bamberg; daraufhin verließen die wohlhabenden Familien mit ihren Kindern aus Furcht vor Übergriffen vorübergehend die Stadt. Für Hoffmann bedeutete das einen eklatanten Einnahmeverlust, da nun der Musikunterricht, den er vor allem den Töchtern aus besserem Hause erteilte, entfallen musste. Hoffmann zeigte sich einfallsreich, um seine missliche Lage zu verbessern, und plante die Einrichtung eines Singinstituts und eines Musikalienhandels. Doch beides schlug fehl, und er verschuldete sich zunehmend. Um die fixen Kosten zu senken, zog er um, wenn auch nur um die Ecke: am 1. September 1809 in das Haus am Zinkenwörth Nr. 50, heute Schillerplatz 26, in dem er bis zu seiner Abreise aus Bamberg wohnen bleiben sollte. In diesem schmalen Haus, das dem Hoftrompeter Joseph Kaspar Warmuth gehörte, lebte es sich wesentlich günstiger. Hoffmann schien zufrieden und schrieb: »Neue angenehme Wohnung bezogen mit herrlicher Aussicht in Berg und Thal. Auch ein Poeten-Stübchen dabey!«

Sein Bamberger Freund und erster Verleger, der Leihbibliothekar und Weinhändler Carl Friedrich Kunz, kommentierte diese Schreibkammer im oberen Stock wie folgt: »Sein Duodezstübchen gab ihm oft, wenn ich zu ihm kam, Stoff zu komischen Einfällen, und insbesondere war es ein viereckiges, etwa zwei Schuh breites Loch in der Decke, aus dieser in das obere Schlafstübchen führend, das ihn stets auf komische Weise beschäftigte, und von dem er die wunderlichsten Dinge berichtete. Der Hausbesitzer hatte vor, dieses Luftloch, das das Stübchen keineswegs zierte, zumauern zu lassen; allein Hoffmann litt dies durchaus nicht, weil die Späße, die er mit demselben trieb, dann aufgehört hätten. Es diente ihm nicht nur, wenn er z. B. sich im Schlafzimmer befand, und die Frau unten war, zur Konversation mit derselben; sondern auch zu allerlei komischen Überraschungen, die er ihr, bald durch das Hinabhängen eines langen Handtuchs oder Hinabwerfens eines Stiefelpaares und dergleichen bereitete.«

Auch wenn Hoffmann als geselliger Mensch und begnadeter Zecher gerne durch die Lokale zog und tagsüber mit der Arbeit im Theater und seinen Unterrichtsstunden viel unterwegs war, schien er doch, vor allem zu nächtlicher Stunde, wenn er sich, fröhlich berauscht, zur Arbeit an sei-

nen Texten und Kompositionen niedersetzte, diese wohnliche Idylle sehr zu genießen.

Heute birgt das Haus ein kleines Museum, das von der E. T. A.-Hoffmann-Gesellschaft betreut wird.

Schräg gegenüber, auf der anderen Seite des Schillerplatzes, befinden sich das E. T. A.-Hoffmann-Theater und das Lokal »Hoffmanns«, früher »Zur Rose«, das Hoffmann häufig besucht hat.

4 E. T. A.-Hoffmann-Theater Harmoniesäle E. T. A.-Hoffmann-Platz 1

Als Hoffmann erwartungsfroh in Bamberg ankam, stieß er auf eine schwierige Situation. Die »Königlich privilegierte Schaubühne«, so hieß das Theater damals, befand sich noch im Umbau. Auch das Orchester scheint noch nicht komplett gewesen zu sein, was den Probenbeginn erheblich verzögerte. Dazu wurde er, als neuer Musikdirektor, dem ersten Violinisten und altgedienten Konzertmeister Georg Anton Dittmayer (1775–1835) vor die Nase gesetzt, was zu großen Differenzen und letztlich einem Boykott des Ensembles gegen Hoffmann führte: »Das Orchester ist erbärmlich, die Fagotts Kämme, die Hörner Brummeisen und die Violinen Pappendeckel, dabei besitzen die Herren (Kapellisten des vorigen Bischofs, dem die Musik allemal Leibschneiden verursachte) einen Dünkel ohne Grenzen und sind nie vergnügter als wenn sie eine Sache umgeworfen haben.« Außerdem begleitete er die Musiker mit dem Flügel und nicht mit der Violine, was als unprofessionell empfunden wurde. So kam es, dass Hoffmanns erstes Dirigat in Bamberg im Oktober 1808, die Oper *Aline, Königin von Golkonda*, gleichsam sabotiert wurde und damit zum Scheitern verurteilt war. Man äußerte sogar öffentlich Zweifel an seiner musikalischen Kompetenz; der Präsident des Appellationsgerichtes zu Bamberg, Freiherr von Seckendorff, riet ihm, in seinem »Fach« zu bleiben und eine Kanzlei zu gründen. So löste ihn Dittmayer bereits nach wenigen Wochen ab, was Hoffmann verärgert kommentierte: »Musikdirektor bin ich zwar geblieben, correpetiere aber nicht mehr und dirigiere nur höchst selten im Orchester, komponiere aber die Ballette und Gelegenheitsstücke, wofür ich 30 fl. monatlich erhalte.«

In seiner Bamberger Zeit erlebte Hoffmann vier Theaterdirektoren: Heinrich Cuno (1808–1809), Julius Reichsgraf von Soden (1809–1810), Franz v. Holbein (1810–1812), Ballettmeister Nuth (Coburg) (1812) und Joseph Reuter (Nürnberg) (1812–1813). Etwa 600 Vorstellungen wurden in dieser Zeit gezeigt. Das Theater finanzierte sich vor allem über Eintrittsgelder, weil es kaum Unterstützung bei den Landesherren fand. Dementsprechend populär war der Spielplan ausgerichtet, viele Lustspiele (mit großem Abstand rangierte August von Kotzebue an der Spitze der aufgeführten Dramatiker) und Opern. Es stand nur wenig Zeit für Proben zur Verfügung, für die Kostüme mussten die Schauspieler häufig selbst sorgen, die Bühnenbilder wurden vorwiegend gemalt und die Schauspieler sehr schlecht bezahlt. Hoffmann bezeichnete den von Julius von Soden eingesetzten Heinrich Cuno als »unwissenden eingebildeten Windbeutel«, weil er das Theater nicht leiten konnte und Honorare schuldig blieb.

Im Februar 1809 musste der Bankrott des Theaters erklärt werden. Es wurde provisorisch von einem Gremium der Gläubiger geleitet, bis mit Franz von Holbein, einem alten Bekannten Hoffmanns aus Berliner Tagen, ein neuer Leiter eingestellt wurde und die für Hoffmann glücklichsten Tage in Bamberg begannen. Hoffmann wurde für 50 Gulden monatlich als Bühnenbildner, Theatermaler, Direktionsgehilfe und Komponist angestellt. Er inszenierte Goethe, Schiller, Lessing, Shakespeare, Mozart und Calderón de la Barca, konnte selbst insgesamt 13 eigene Arbeiten und drei Chorkompositionen beitragen und machte das Bamberger Theater zu einem der angesehensten seiner Zeit. Er komponierte, z. B. die Musik zu von Sodens Melodram *Dirna*, schrieb Kritiken, die teilweise in der Fremdenloge 23 des Bamberger Theaters spielende Erzählung *Don Juan* (1812), dramentheoretische Texte wie über *Über die Aufführung der Schauspiele des Calderón de la Barca auf dem Theater in Bamberg*, 1812 in der Zeitschrift *Die Musen* veröffentlicht, und besuchte die Konzerte seiner Schüler.

5 »Hoffmanns« Ehemals Gasthaus »Zur Rose« Schillerplatz 7

E. T. A. Hoffmann tanzte auf den Bällen der Gesellschaft »Harmonia« und nahm intensiv am öffentlichen Leben teil. Carl Friedrich Kunz schrieb: »Zu dieser Zeit gestalteten sich nun auch die gesellschaftlichen Beziehungen Hoffmanns zu den angenehmsten. An den regelmäßigen Kneipabenden in dem mit dem Theater verbundenen Gasthause zur Rose machte ihn sein sprühender Wiz, den er häufig durch im Fluge hingeworfene Karikaturen illustrirte, zum Mittelpunkt eines von allen interessanten Persönlichkeiten der Stadt besuchten Kreises. Eine ähnliche Rolle spielte er auch bei Landpartien und Spaziergängen, wie sie besonders oft nach Bug, einem nahen Vergnügungsorte, unternommen wurden, von wo man dann in später Nacht mit Fackeln durch den Hain gemeinschaftlich zur

Stadt zog. In diesem Hain ging Hoffmann gern und viel.«

Direkt vor dem Theatereingang befindet sich zum Gedenken an E. T. A. Hoffmann eine Skulptur.

6 E. T. A. Hoffmann-Denkmal E. T. A.-Hoffmann-Platz 1

Zur Erinnerung an die Bamberger Jahre E. T. A. Hoffmanns wurde am 24. Januar 1983 hier die von Reinhard Klesse aus Viereth gestaltete Plastik eingeweiht. Sie zeigt den Autor in Ausgehkleidung mit Tasche und Zylinder und dem Kater Murr aus der gleichnamigen Erzählung auf der Schulter.

Vom E. T. A.-Hoffmann-Platz aus halten wir uns halblinks Richtung Zinkenwörth und gehen durch die enge Straße, weiter durch die Generalsgasse, bis wir direkt auf die Lange Straße stoßen. Genau gegenüber befindet sich das ehemalige Wohnhaus der Familie Mark.

7 Wohnhaus der Familie Mark Lange Straße 13

Hier lebte die Witwe des amerikanischen Konsuls für Franken mit ihren beiden Töchtern Julia und Wilhelmine. E. T. A. Hoffmann lernte Julia Mark (1796–1865), Tochter des amerikanischen Konsuls für Franken, durch die Vermittlung ihres Onkels, Dr. Adalbert Friedrich Marcus, kennen, des Leibarztes des Fürstbischofs Franz-Ludwig von Erthal und Direktor des Bamberger Medizinwesens, der die Staatliche Frauenklinik gründete. Julia Mark wird zum ersten Mal am 21. Mai 1809 in Hoffmanns Tagebuch erwähnt, er erteilt ihr und ihrer Schwester Wilhelmine fortan Gesangsunterricht. Hoffmann war auf diese zusätzlichen Verdienste angewiesen, allein schon deshalb, weil er mit Geld nicht haushalten konnte.

Die junge Julia soll über eine schöne Stimme verfügt haben; sie war 14, als sich Hoffmann in sie verliebte. In seinen Tagebüchern nannte er sie in Anlehnung an Kleist »Käthchen« oder verkürzt »ktch« oder zeichnete nur einen Schmetterling. Seine Frau, die in den Tagebüchern las, war eifersüchtig geworden. Julia bedeutete für Hoffmann das Ideal einer reinen, romantischen Liebe, er idealisierte sie bis ins Groteske und lenkte sich wohl auch damit von seinen sonstigen beruflichen Problemen ab. Er litt, nicht ungern, betrank sich regelmäßig, hegte Selbstmordgedanken und fürchtete, verrückt zu werden: »Ktch bis zum Wahnsinn, zum höchsten Wahnsinn.« Zwei Jahre dauerte diese unglückliche Liebe.

»Fräulein Julia war ein recht hübsches, blühendes, liebenswürdiges Mädchen, wie wir deren übrigens in Residenz- wie in Provinzialstädten wohl öfters finden. Ja, der nüchterne anatomirende Verstand würde sogar gefunden haben, was unser Freund nicht fand, daß jene etwas über die Gebühr gefüllten und gerötheten Wangen eher den Pinsel der niederländischen, als der italienischen Schule beschäftigten könnten, und daß das Embonpoint des Körpers ebenfalls eher in den Gemäl-

Medizinaldirektor Dr. Christian Pfeufer untersucht die Zunge des Weinhändlers Carl Friedrich Kunz, E. T. A. Hoffmann skizziert die Szene. Zeichnung von E. T. A. Hoffmann

Bamberg, Grüner Markt

den eines Rubens als eines Raphaels anzutreffen sei«, so Kunz. Hoffmann lenkte sich mit Arbeit ab – so schrieb er die Oper *Aurora* nach einem Libretto Holbeins –, auch mit anderen Liebschaften, machte sich sogar an die Gattin seines Freundes, Wilhelmine Kunz, heran und stritt mit Mischa. Einige Wochen zog er sich in eine Klause auf der Altenburg zurück und stattete dort Räume mit dekorativen Fresken aus. Nichts nützte. Überall tuschelte man über die Affäre.

Zudem hatte die verwitwete und dadurch verarmte Konsulin Mark andere Pläne. Am 26. März 1812 reiste Johann Gerhard Graepel, ein junger, vermögender Kaufmann aus Hamburg, an und entpuppte sich zu Hoffmanns Überraschung als Nebenbuhler um die Gunst Julias. Anfangs räumte ihm Hoffmann dabei keine Chancen ein, doch als Graepel im August 1812 zurückkehrte und um Julias Hand anhielt, geriet er in Rage und provozierte einen schlimmen Zwischenfall bei einem gemeinsamen Ausflug nach Pommersfelden. Hoffmann erhielt Hausverbot bei Marks, auch andere Familien zogen sich von ihm zurück. Da Holbein das Theater aufgegeben hatte und Hoffmann dadurch ohne diese Einnahmen dastand, stürzte ihn das in große finanzielle Kalamitäten: »Höchste infamste Geldnot«, schrieb er, und: »In der höchsten Not den alten Rock verkauft, um nur fressen zu können!« Er blieb die Miete schuldig, borgte bei Kunz und ließ in der »Rose« anschreiben. Er verfasste einen überaus demütigen Entschuldigungsbrief an Frau Mark. Nach einiger Zeit wurde er gnädig wieder aufgenommen. Aber Julia heiratete im Dezember, ging aus Bamberg weg und wurde bald schwanger. In den *Lebensansichten des Katers Murr* (1820), in *Die Abenteuer der Silvester-Nacht* (1815) und in *Das steinerne Herz* (1817) hat ihr Hoffmann ein ewiges Andenken bewahrt: dem »Engelsbild aller Herzensgüte«.

Wir gehen die Lange Straße in Richtung Regnitz und biegen dann nach rechts in die Fußgängerzone ein. Am »Goblmo«, neben dem »Bamberger Reiter« das Wahrzeichen der Stadt und von Hoffmann in seiner Erzählung »Meister Johannes Wacht« (1823)

erwähnt, vorbei, weiter durch den Grünen Markt bis zum Maximiliansplatz. Dort an der Ecke befindet sich das »Krackhardt-Haus«.

8 »Krackhardt-Haus« Weinkeller von Carl Friedrich Kunz Grüner Markt 31

Der Weinhändler und Besitzer einer Leihbibliothek Carl Friedrich Kunz (1785–1849), den Hoffmann auf einem Spaziergang durch den Hain kennengelernt hatte, wurde sein engster Vertrauter und Förderer. Kunz leistete ihm, dem fröhlichen Zecher und mitunter zutiefst Verzweifelten, oft Gesellschaft, unterstützte ihn finanziell und versorgte ihn mit »geistigen Getränken«. Hoffmann benötigte Wein oder Punsch – Bier trank er nur selten – als Stimulantia für seine poetischen Höhenflüge. Hoffmann traf sich gerne mit Kunz, Dr. Marcus und anderen Freunden zum Trinken und Diskutieren, feierte mit Musikern und Schauspielern und ging mit Kunz auf die Jagd. Im Gewölbe unter dem Ladengeschäft, das Kunz damals betrieb, saßen Hoffmann und Kunz gleichsam an der Quelle ihres Genusses; Hoffmann sprach vom Keller als den »herrlichen Katakomben des Maxplatzes, der mir in schimmernden Lichtern oft wie der Markus-Platz erschien, da sich der Dunst der sublimsten Weine zu optischem Linsen-Glase verdichtet, vor dem sich allerlei närrische Gestalten in skurrilen Bocksprüngen lustig und ergötzlich bewegen«.

Wir gehen nun den Grünen Markt weiter Richtung Kettenbrücke über die Hauptwachstraße, dann über den Rhein-Main-Donau-Kanal, biegen dann rechts in die Obere Königstraße ein, überqueren die Luitpoldstraße und biegen links in die Theuerstadt ein. Bei der St. Gangolfskirche finden wir das ehemalige Wohnhaus von Hugo von Trimberg.

9 Wohnhaus von Hugo von Trimberg Theuerstadt 11

Der Dichter und Pädagoge Hugo von Trimberg (1235–1315) stammte aus Wern aus der Gegend um Schweinfurt und kam um 1260 nach Bamberg, wo er die Leitung der von Geistlichen betreuten Lateinschule St. Maria und St. Gangolf in der Theuerstadt übernahm. Dort schloss er sein Hauptwerk mit rund 25 000 Versen ab; der *Renner* (1296–1313) gilt als die größte Lehrdichtung des Mittelalters. 1298–1300 arbeitete Hugo von Trimberg an der in mittelhochdeutscher Sprache geschriebenen Satire auf die Laster und Tugenden der ständischen Gesellschaft im ausgehenden Mittelalter, die 1300 in Bamberg erschien und mehrfach ergänzt wurde. Etwa 65 Handschriften und Fragmente des bebilderten *Renner*, anfangs ein veritabler Bestseller für damalige Verhältnisse, sind erhalten geblieben. *Der Renner* geriet nach seinem Anfangserfolg bald in Vergessenheit, erst Autoren der Aufklärung wie Johann Christoph Gottsched, Christian Fürchtegott Gellert und Gotthold Ephraim Lessing, der ihn sogar neu herausgeben wollte, entdeckten die Bedeutung des Textes wieder.

Hugo von Trimberg lebte in bescheidenen Verhältnissen, besaß zwar ein eigenes Haus, litt aber an den hohen Zinsen, die er zur Abzahlung seiner Schulden begleichen musste, und klagte über die Kosten zum Unterhalt von zwölf Personen, die zu seinem Haushalt gehörten. Trotz seiner finanziellen Nöte besaß er eine große Bibliothek mit über 200 handgeschriebenen Bänden und edierte eigene Bücher fast am laufenden Band. Seine erste Veröffentlichung in Bamberg war sein *Laurea Sanctorum* (»Lorbeerkranz der Heiligen«), ein Heiligenkalender in lateinischen Versen, ihm folgten zahlreiche Lexika, Predigten und pädagogische Schriften.

Noch im hohen Alter litt Hugo von Trimberg, der den Erfolg nicht mehr erleben durfte, große Not. Sein Grab ist unbekannt, nur eine Gedenktafel von 1859 am Pfarrgebäude von St. Gangolf weist auf den großen Dichter hin.

Wir kehren um, biegen rechts in die Obere Königstraße ein und gehen auf der rechten Seite entlang, bis sie nach einiger Zeit auf der Höhe der Kettenbrücke in die Untere Königstraße übergeht.

10 Gasthof »Zum weißen Lamm« Untere Königstraße 28

Wer im 18. Jahrhundert auf der Reiseroute in den Süden in Richtung Nürnberg oder nach Norden in Richtung Coburg oder Kronach durch Bamberg fahren wollte, musste den Weg durch die Straßen Hundsbühl, Steinweg und Siegengasse nehmen, also durch die heutige Obere und Untere Königstraße. Hier war der breiteste und am häufigsten befahrene Ortsdurchgang, und hier befanden sich auch ein Unteramt der städtischen Maut sowie Bierschwemmen und Gaststätten wie der »Schwarze Adler« mit der Poststation und das Gasthaus »Zum Weißen Lamm«. Letzteres zählte zu den besten gastronomischen Adressen Bambergs. Nicht nur Hoffmann oder August Graf von Platen hielten sich hier gerne auf, auch Johann Wolfgang von Goethe stieg hier nachweislich am 16. November 1797 ab, um mit seinem Sekretär und seinem Begleiter zu Mittag zu essen.

Wir kehren um, biegen links ein und gehen über die Kettenbrücke zurück in die Hauptwachstraße. Von dort aus biegen wir in die zweite Querstraße rechts, den Vorderen Graben, ein, dann links in die Fleischstraße und folgen deren kurvigem Straßenverlauf, bis wir, uns links haltend, über den Heumarkt wieder halblinks in die Stangsstraße laufen, die in die Kapuzinerstraße mündet. Direkt gegenüber befindet sich das Rotenhan-Palais.

11 Das Rotenhan-Palais Kapuzinerstraße 25

In diesem Haus wohnte die Witwe des Oberstallmeisters Graf von Rotenhan mit ihren fünf Töchtern. Der Arzt Dr. Adalbert F. Marcus hatte Hoffmann den Weg in die angesehenen Kreise Bambergs geebnet. Der kleine, dürre Dichter, stets ein wenig nervös und fahrig wirkend, wurde ein gern gesehener Gast bei Teestunden und Gesellschaften, Soirees und Bällen. Er tanzte gut und gern und unterhielt mit seinem Witz und Spott oft alle Anwesenden. So kauzig und skurril er wirken mochte, so lebendig und amüsant wusste er sich an intellektuellen Gesprächen wie am Klatsch und Tratsch der Bamberger zu beteiligen. Hoffmann verstand es, das Angenehme mit dem Nützlichen zu verbinden; die Einladungen steigerten sein öffentliches Ansehen, waren vergnüglich und eine gute Gelegenheit, sich mit Wein und Essen versorgen zu lassen. Zudem konnte er auf diese Weise seine »Kundschaft« akquirieren. Er hatte ja mehrfach in den Bamberger Gazetten annonciert, Musik- und Gesangsunterricht erteilen zu wollen, und hatte tatsächlich eine ganze Reihe von Schülern gewonnen. So auch im Haus der Witwe des Oberstallmeisters Graf von Rotenhan, deren fünf Töchter – Auguste, Charlotte, Friederike, Gabriele und Luise – er im Gesang unterrichtete.

In den Feuilletons um den Kapellmeister Johann Kreisler hat er einen Hausmusikabend, wie er auch im Palais Rothenhan hätte stattfinden können, auf gewohnt satirische Weise beschrieben: »Vom Spieltisch herüber ruft die gnädige Mama: ›Chantez donc, mes enfants!‹ Das ist das Stichwort meiner Rolle; ich stelle mich an den Flügel, und im Triumph werden die Röderleins an das Instrument geführt. Nun entsteht wieder eine Differenz: keine will zuerst singen ... Mein Einfall (ich habe ihn jedesmal) beide möchten mit einem Duo anfangen, wird gewaltig beklatscht ... und nun geht's los: ... Das Talent des Fräulein Röderlein ist wirklich nicht das geringste. Ich bin nun fünf Jahre hier und viertehalb im Röderleinschen Hause Lehrer; für diese kurze Zeit hat es Fräulein Nanette dahin gebracht, daß sie eine Melodie, die sie nur zehnmal im Theater gehört und am Klavier dann höchstens noch zehnmal durchprobiert hat, so wegsingt, daß man gleich weiß, was es sein soll. Fräulein Marie faßt es schon beim achten Mal.«

Wir gehen die Kapuzinerstraße Richtung Markusplatz und biegen hinter dem Clavius-Gymnasium links in den Hinteren Graben ein, gehen diesen bis zum Ende und biegen dann rechts in die Fischerei ein. Auf der linken Seite befinden sich, wenn auch in einem Privathaus verborgen und daher nicht zugänglich, Mauerreste des ehemaligen Kapuzinerklosters, das Mitte des 17. Jahrhunderts hier errichtet und im Zuge der Säkularisierung 1804 abgerissen wurde.

12 Ehemaliges Kapuzinerkloster Fischerei 43

In seinem Erinnerungsbuch *Aus dem Leben zweier Dichter* (1836) erzählt Kunz, wie sich Hoffmann bei einem Gastmahl bei den Kapuzinermönchen eingehend mit Pater Cyrillus unterhielt und sich beim Rundgang durch das Kloster viele Einzelheiten des klösterlichen Lebens erklären ließ. Manches davon dürfte später in den *Kater Murr* (1820) und *Die Elexiere des Teufels* (1815) eingegangen sein.

Von der Fischerei wenden wir uns Richtung Regnitz, überqueren die Markusbrücke, gehen links in die Untere Sandstraße, dann nach 100 Metern rechts in die Elisabethenstraße den Berg hinauf. Auf der Höhe

des kleinen Ottoplatzes gehen wir durch das mit dem Hochstiftswappen geschmückte Tor hindurch die Residenzstraße an der Rückseite der Neuen Residenz entlang, bis wir am Ende scharf nach rechts schwenken und am Domplatz ankommen. Dort sehen wir die Neue Residenz, die Alte Hofhaltung und den Dom, dem gegenüber das Haus Kurie St. Hippolyt steht.

13 Kurie St. Hippolyt, Dom, Alte Hofhaltung, Neue Residenz Domplatz

In der Kurie St. Hippolyt, einem ehemaligen kirchlichen Verwaltungshaus, wohnte zu Hoffmanns Zeiten Stephan Freiherr von Stengel, der mit Julia Mark, Hoffmanns Angebeteter, verwandt war. Stengel war Kunstsammler und besaß auch etwa 80 Kupferstiche des lothringischen Künstlers Jacques Callot (1592–1635), die Hoffmann bei einem Besuch sah und von denen er begeistert war. Auch an den Türen des Spiegelsaals von Schloss Weißenstein bei Pom-

Bamberg, Alte Hofhaltung

Georg Wilhelm Friedrich Hegel. Stich von Bollinger nach Xeller

mersfelden, den er oft besucht hat, sind diese grotesken Figuren zu bewundern. Wenn Hoffmann seine erste literarische Arbeit mit *Fantasiestücke in Callot's Manier* (1814) untertitelte, reflektiert dies die geistige Nähe, die Hoffmann zu Callot empfunden haben muss. Im Vorwort zu den *Fantasiestücken* heißt es entsprechend: »Selbst das Gemeinste aus dem Alltagsleben erscheint in dem Schimmer einer gewissen romantischen Originalität, so daß das dem Phantastischen hingegebene Gemüt auf wunderbare Weise davon angesprochen wird.«

Der Protestant Hoffmann ging gelegentlich zur Sonntagsmesse in den Dom und zeigte sich von der großen Fronleichnamsprozession in Bamberg beeindruckt, ließ sich von Kirchenmusik in seinen Kompositionen inspirieren und brachte die Stücke des katholischen Barockdichters Calderón de la Barca auf die Bühne des Bamberger Theaters (noch heute finden in der Alten Hofhaltung alljährlich Calderón-Festspiele statt). In der Staatsbibliothek in der Neuen Residenz befindet sich eine umfangreiche E.T.A.-Hoffmann-Sammlung, die u. a. das Originalmanuskript der Erzählung *Meister Martin der Küfner und seine Gesellen* (1819) beinhaltet.

Wir gehen den Domberg über die Karolinenstraße hinunter und biegen auf halber Höhe rechts in die Roppeltsgasse ein, die uns zum Pfahlplätzchen führt.

14 Wohnhaus von Georg Wilhelm Friedrich Hegel Pfahlplätzchen 1

Das ehemalige »Haus zum Rebstock« und spätere »Haus zum Krebs« wird erstmals urkundlich um 1600 erwähnt, sein heutiges Erscheinungsbild ist auf das Jahr 1715 zurückzuführen. Eine Gedenktafel weist auf den prominenten einstigen Bewohner hin: »In diesem Hause wohnte 1807–1808 der Philosoph Georg Friedrich Wilhelm Hegel als Redakteur der Bamberger Zeitung und vollendete hier sein erstes Hauptwerk *Die Phänomenologie des Geistes* (1807).« Dieses sollte beim Buchhändler Goebhardt in Bamberg gedruckt werden, doch das Manuskript wurde nicht

E. T. A. Hoffmann, Porträt des Weinhändlers Carl Friedrich Kunz

rechtzeitig fertig, so dass Hegels Freund, Friedrich Immanuel Niethammer, Landesdirektionsrat in Bamberg, mit einer Bürgschaft aushelfen musste. Hegel befand sich stets in finanziellen Nöten, zumal die Frau seines ehemaligen Hauswirts 1807 einen unehelichen Sohn von ihm bekam, für den er aufzukommen hatte, und so machte ihm Niethammer das Angebot, die Redaktion der *Bamberger Zeitung* zu übernehmen. Mit den 1300 Gulden, die er nun jährlich verdiente, ließ es sich leben. Die Redaktion der Zeitung befand sich ebenfalls im Haus am Pfahlplätzchen. Trotz dieser komfortablen Lebenssituation seufzte Hegel unter dem »Zeitungsjoch«, sprach von der »Zeitungsgaleere« und ärgerte sich über die bayerische Pressezensur. »Diese Arbeit kann nicht als ein solides Etablissement angesehen werden«, schrieb er an Niethammer, der ihm wiederum hilfreich unter die Arme griff und ihm 1808 die Stelle des Rektors des Nürnberger Gymnasiums am Egidienplatz (vgl. auch S. 116) verschaffte.

Wenige Schritte weiter, Richtung Unterer Kaulberg, befand sich das Wohnhaus von Carl Friedrich Kunz am Pfahlplätzchen, das abgerissen wurde.

15 Leihbibliothek von Carl Friedrich Kunz Ehemaliges »Haus zum Marienbild« Pfahlplätzchen 5

Hier befand sich die Leihbibliothek von Carl Friedrich Kunz, das »Königl. Privil. Neue Leseinstitut des C. F. Kunz«, nachdem er seine Geschäftsräume aus finanziellen Gründen hierher verlegen musste. Am 15. Februar 1813 notierte Hoffmann in sein Tagebuch: »Bei Kunz – gemütliche exotische Stimmung – er will durchaus Manuskripte drucken.« Am 18. März 1813 schlossen Kunz und Hoffmann einen Vertrag über die *Fantasiestücke in Callot's Manier*, die seinen Ruhm begründeten. Der Vertrag umfasste vier Bände mit einem Vorwort von Jean

Paul, die nahezu alles bislang Geschriebene wie die *Kreisleriana* berücksichtigten, aber auch Neues wie *Der Goldene Topf* aufnahmen. Im April 1814 erschien der erste Band im Verlag von C. F. Kunz.

Wir gehen den Unteren Kaulberg hinauf und finden auf halber Höhe links die Kaulbergschule mit Gedenktafel.

16 Kaulbergschule Wohnhaus von Friedrich Gottlob Wetzel Schulplatz 5

In dem heutigen Schulgebäude lebte der 1779 in Bautzen geborene, aus armen Verhältnissen stammende Schriftsteller Friedrich Gottlob Wetzel, der 1809 mit seiner Familie nach Bamberg kam, um durch die Vermittlung seines Freundes Gotthilf Wilhelm Schubert die Nachfolge von Hegel als Redakteur der *Bamberger Zeitung*, die dann *Fränkischer Merkur* heißt, anzutreten. Der promovierte Mediziner hatte in Leipzig und Jena einen Kreis literarisch Interessierter gegründet und bemühte sich um ein Leben als Schriftsteller, doch zum dauerhaften Broterwerb reichte sein künstlerisches Talent nicht. Wetzel und Hoffmann, die sich vermutlich über Dr. Marcus kennengelernt hatten, kamen sich in ihrer Bamberger Zeit nie besonders nahe; zu verschieden waren die Temperamente. Trotzdem setzte sich Wetzel für den »glänzenden Kometen der Geisterwelt« nachhaltig ein, las zum Beispiel den *Goldenen Topf* (1814) und empfahl ihn weiter. Neben seiner redaktionellen Tätigkeit arbeitete Wetzel weiter an Gedichten und dramatischen Entwürfen, doch ohne großen Erfolg. Immerhin verlegte C. F. Kunz Wetzels Gedichtband *Schriftproben* (1814) und veröffentlichte 1836 sein eigenes Erinnerungsbuch unter dem Titel *Aus dem Leben zweier Dichter: Ernst Theodor Wilhelm Hoffmann's und Friedrich Gottlob Wetzel's*.

Wetzel wurde lange Jahre als Verfasser der anonym veröffentlichten *Nachtwachen des Bonaventura* gehandelt, was sich aufgrund jüngster Studien nicht weiter aufrechterhalten läßt. Er schrieb auch patriotische »Kriegs- und Friedenslieder«, deren Rezitation bei einem Fest den anwesenden Friedrich Rückert beeindruckte. Der als preußenfreundlich bekannte Wetzel wurde der Spionage verdächtigt und von der Bayerischen Regierung aus Bamberg verwiesen. Das konnte zwar verhindert werden, doch Wetzel hatte nicht mehr die Kraft zum Neuanfang. Am 29. Juli 1819 starb Wetzel in Bamberg an einem Lungenleiden. Sein Grab ist unbekannt.

Wir gehen den Unteren Kaulberg wieder ein Stück hinunter, biegen rechts in die Pfarrgasse und laufen dann in der Eisgrube den Weg hinauf zum Haus Nr. 14.

17 Der »Apfelweib«-Türknauf Eisgrube 14

Nachdem C. F. Kunz bereits seine Geschäftsräume zum Pfahlplätzchen verlegt hatte, zog er 1811 auch privat in die Nähe um, in die am Stephansberg gelegene Eisgrube. In dieser vom Sonnenlicht selten bestrahlten, steilen Gasse muss Hoffmann angesichts dieses Türknaufs in Gestalt eines grinsenden Frauengesichts die Phantasie beflügelt haben, denn in seiner 1814 erschienenen Erzählung *Der goldene Topf* sieht der Student Anselmus entsetzt, wie sich der Türknauf verwandelt: »Ungeachtet des weiten Weges bis in die einsame Straße, in der sich das uralte Haus des Arcivarius Lindhorst befand, war der Student Anselmus doch vor zwölf Uhr an der Haustüre. Da stand er und schaute den großen schönen bronzenen Türklopfer an, aber als er nun auf den letzten die Luft mit mächtigem Klange durchbebenden Schlag der Turm-Uhr an der Kreuzkirche den Türklopfer ergreifen wollte, da verzog sich das metallne Gesicht im ekelhaften Spiel blauglühender Lichtblicke zum grinsenden Lächeln. Ach! Es war ja das Äpfelweib vom schwarzen Tor! Die spitzigen Zähne klappten in dem schlaffen Maule zusammen und in dem Klappern schnarrte es: du Narre – Narre – warte warte! warum warst herausgerannt! Narre.«

Das Original des Türknaufs befindet sich heute im Historischen Museum der Stadt Bamberg, an der Tür in der Eisgrube hängt eine Kopie.

Um zum Ausgangspunkt unseres Spaziergangs zurückzugelangen, gehen wir die Eisgrube weiter bergauf, wenden uns an ihrem Ende scharf links wieder den Unteren Stephansberg hinunter, biegen an dessen Ende gegenüber der Schimmelsgasse rechts in die Concordiastraße ein und laufen dann an der nächsten Abzweigung links die Obere Mühlbrücke hinunter, überqueren die Regnitz und kommen an der Nonnenbrücke wieder an.

Eine mögliche Erweiterung des Spaziergangs führt durch den Hain nach Bug. Kurz nach der Überquerung des Flusses führt gleich rechts – noch vor der Nonnenbrücke – der Mühlwörth am Wasser entlang in die parkähnliche Anlage bis zur Buger Spitze. Diesen Weg ist Hoffmann häufig gegangen, um in Bug im damaligen Gasthof Striegel, heute Hotel Lieb, einzukehren. Früher setzte man mit der Fähre über den Fluss. Auf dem Weg durch den Hain findet man am Rande der Schillerwiese einen von Hermann Leitherer gestalteten Stein, der Hoffmanns Begegnung mit dem sprechenden Hund Berganza zeigt. Kurz vor der Buger Spitze befindet sich auch die von Hoffmann mehrfach erwähnte Nepomuk-Figur an einer kleinen Wiese. Wenn Hoffmann vom abendlichen Stammtisch betrunken nach Hause lief, mögen ihm, der ja schon beim Essen die wildesten Geschichten auftischte, allerlei Visionen und Gespenster begegnet sein. Oft war er in Begleitung von Pollux, dem großen schwarzen Hund der Wirtin von der »Rose«, mit dem er sich offenbar gut unterhalten hat und den er als Vorbild für Berganza nahm.

Straße nach Bayreuth zur Zeit der ersten Festspiele

IV.
Ausflüge in die Umgebung von Bamberg

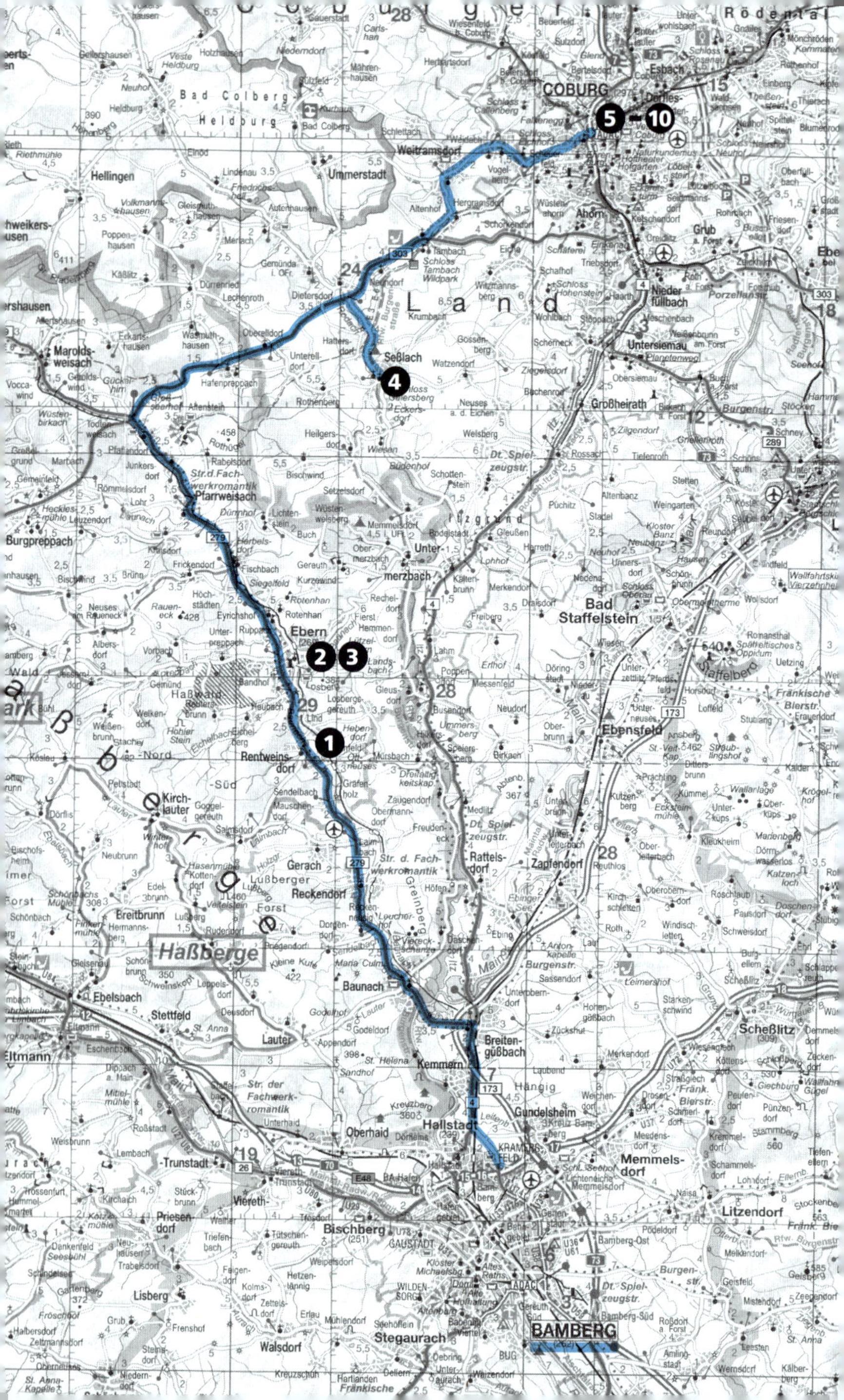

Rödental
COBURG
5 – 10
Esbach
Dörfles
Bad Colberg
Heldburg
Ummerstadt
Weitramsdorf
Hellingen
Ahorn
Grub a. Forst
Nieder füllbach
Untersiemau
Großheirath
Land
24
Schloss Tambach Wildpark
Seßlach
4
Marolds- weisach
Pfarrweisach
Str. d. Fachwerkromantik
Dt. Spielzeugstr.
Untermerzbach
Bad Staffelstein
Ebern
2
3
1
Rentweinsdorf
Ebensfeld
Kirchlauter
Haßberge
Breitbrunn
Gerach
Reckendorf
Zapfendorf
Baunach
Ebelsbach
Stettfeld
Eltmann
Lauter
Breitengüßbach
Kemmern
Hallstadt
Gundelsheim
Scheßlitz
Memmelsdorf
Oberhaid
Trunstadt
Viereth
Priesendorf
Bischberg
Litzendorf
Lisberg
Walsdorf
Stegaurach
BAMBERG

Ihre Spuren haben sie in der ganzen Welt hinterlassen, ihre Behausungen oft gewechselt und insgesamt ein eher unstetes Leben geführt. Und doch sind Friedrich Rückert und Jean Paul fraglos der fränkischen Literaturlandschaft zuzurechnen, denn ihr Lebensmittelpunkt blieb – trotz gelegentlicher Wege nach Berlin – der fränkische Kosmos. Friedrich Rückert wurde in Schweinfurt geboren und fand – nach Jahren der Wanderschaft – in Neuses bei Coburg sein Refugium. Jean Paul erblickte im oberfränkischen Wunsiedel das Licht der Welt und zog mit seinen Eltern und später mit seiner eigenen Familie häufig zwischen Joditz, Schwarzenbach an der Saale, Hof und Bayreuth hin und her. Den biographischen Stationen ihrer Lebenswege zu folgen bedeutet – vor allem bei Jean Paul – auch, in ihre fränkische Erzählwelt einzutauchen.

1. Rentweinsdorf · Ebern Seßlach · Coburg

Von Bamberg aus fahren wir die B 279, die »Straße der Fachwerk-Romantik«, nach Norden Richtung Fulda/Ebern über Rentweinsdorf.

Rentweinsdorf

In der Ortsmitte beeindruckt das dreiflügelige »Rotenhansche« Rokoko-Schloss inmitten einer kleinen Parkanlage. Wir wenden uns nach links und gehen auf der linken Straßenseite bis zum Hinweisschild »Friedhof«.

1 Friedhof
Grab von Agnes Müller

Am Friedhof bei der Kirche findet sich das Grab von Agnes Müller (1796–1812), einer hiesigen Rentamtmannstochter und Jugendliebe des 23jährigen Friedrich Rückert (1788–1866). Dieser war nach Studienaufenthalten wieder ins elterliche Haus nach Ebern zurückgekehrt und hatte das 16-jährige Mädchen auf einem Kirchweihtanz kennen und lieben gelernt. Agnes aber verstarb kurz danach, 1812, ganz unvermutet. Auf ihrem Grab steht eine Stele mit der Aufschrift: »Hier ruhet die Hülle eines guten Mädchens.« Rückert hat ihr einen Sonettenkranz mit 40 Gedichten unter dem Titel *Agnes' Todtenfeier* (teilweise 1817 veröffentlicht) gewidmet: »Es war einst ein Jungfräuelein, / Jetzt denk' ich wird's ein Engel sein; / Das meines Herzens Spaß verdarb / Und, weil ich's lieben wollte, starb.«

Weiter geht es im Baunachgrund auf der B 279 Richtung Ebern. Auf der Höhe von Heubach halten wir uns rechts Richtung Ebern.

Ebern

In Ebern fahren wir über »Klein-Nürnberg«, halblinks zum Marktplatz, dritte Gasse rechts ist die Rittergasse. Hinter der Pfarrkirche St. Laurentius in der Rittergasse befindet sich das ehemalige fürstbischöfliche Amtshaus, heute Sitz des Finanzamts.

2 Wohnhaus von Friedrich Rückert Rittergasse 1

Eine Gedenktafel an diesem Haus erinnert: »Hier lebte und hier schuf unsterbliche Werke im Frieden des Elternhauses 1809–1821 Friedrich Rückert der große Dichter und Meister der deutschen Sprache.« 1809–1821 war hier Friedrich Rückerts Vater Johann Adam Rückert (1763–1831) als Rentbeamter tätig, August von Platen hat Friedrich Rückert hier 1820 besucht (vgl. auch S. 46, 79, 80, 81, 84 f., 143 f., 145 f.).

Ein Rückert-Denkmal steht in einem kleinen Park an der Baunach am nordwestlichen Stadtrand.

Über die Rückertgasse finden wir zurück zur Kapellenstraße, biegen dann rechts ab und fahren über den Kreisverkehr immer geradeaus über die Bahnhofstraße und Juliusallee zum Ortsteil Eyrichshof, an dessen Ende sich auf der linken Seite das ehemalige Gasthaus »Zur Specke« befand. Heute ist dort ein italienisches Restaurant.

3 Ehemaliges »Haus zur Specke« Specke 1

Im Juni 1812 verliebte sich Friedrich Rückert in die 16-jährige Wirtstochter Maria Elisabeth Geuß, genannt Marielies, und bemühte sich um sie. Monate voller Erwartung beschäftigten den verliebten jungen Dichter. 70 Sonette entstanden in dieser Zeit, voller Sehnsucht, Glückserwartung, Zorn und Enttäuschung. 1815 hat er Teile davon, 1825 den gesamten Sonettenkranz mit dem andeutungsreichen, auf eine Narzissenart und gleichzeitig auf das lateinische »Amara« (d. i. die Bittere) bezogenen Titel *Amaryllis. Ein Sommer auf dem Lande* veröffentlicht. Doch das Mädchen wies den Werbenden ab und heiratete 1816 den Coburger Gastwirt Jacob Eckard. Bereits 1814 hatte Rückert resignierend notiert: »Ich habe aber dabey nichts davongetragen, als eine idyllische Dichtung in Sonetten: Amaryllis, ein Sommer auf dem Lande, u dergleichen mehr, als gereimte Seufzer, geschossene Böcke, geflochtene Körbchen.« Heute erinnern eine Vitrine und ein Porträt Rückerts im Flur der »Specke« daran.

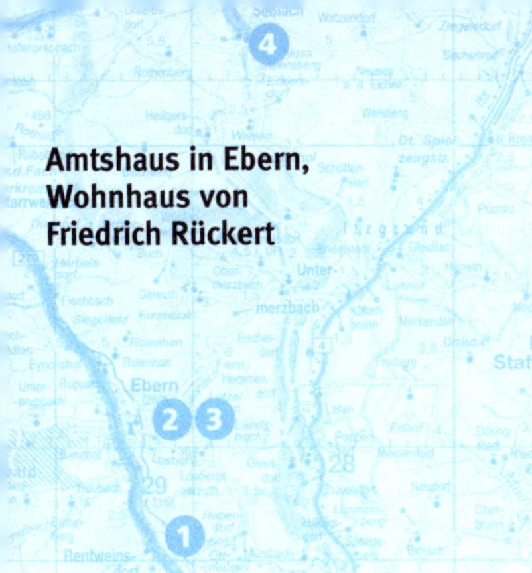

Amtshaus in Ebern, Wohnhaus von Friedrich Rückert

Wir fahren weiter auf der B 279 bis Pfaffendorf, biegen dann auf die B 303 Richtung Coburg ab. Bei Dietersdorf verlassen wir die B 303 und fahren in südlicher Richtung direkt nach Seßlach.

Seßlach

Über den Hattersdorfer Weg und die Bahnhofstraße erreichen wir das Ortszentrum von Seßlach. Die Luitpoldstraße ist die direkte Verlängerung der Bahnhofstraße.

4 Ehemaliges Wohnhaus der Familie Rückert Luitpoldstraße 6

In Seßlach mit seiner mittelalterlichen Altstadt, dem unversehrten Mauerring und den drei Tortürmen befand sich das Sommerdomizil der Familie Rückert in den Jahren 1807 und 1808, hier entstanden erste Gedichte wie die *Ballade vom Irrglöckchen*.

1807–1809 war Rückerts Vater als würzburgischer Amtmann in Seßlach tätig. Man wohnte im Amtshaus am Maximiliansplatz, nur wenige Schritte von diesem Wohnhaus entfernt. Hier verbrachte Rückert Sommer- und Semesterferien bei seinen Eltern. Gegenüber dem Hohen Haus lag das frühere Amtsgericht, das »Stadtschloss« der Lichtensteiner, mit seinen Treppengiebeln und seiner Renaissance-Fassade. Und von hier aus unternahm Rückert ausgedehnte Wanderungen, auch nach Coburg, vor allem zur dortigen Herzoglichen Bibliothek, deren Nutzung ihm sein Freund Christian Friedrich Freiherr von Stockmar (1787–1863) ermöglichte.

Wir fahren zurück nach Dietersdorf, weiter Richtung Tambach, links über die Tambacherstraße nach Weitramsdorf und über die Coburger Straße nach Weidach. Dann nach Dörfles und über den Kürengrund nach Neuses, heute ein Stadtteil von Coburg, hinein.

Coburg-Neuses

Anschließend links in die Callenberger Straße, rechts in die Rodacher Straße und dann gleich wieder links in die Friedrich-Rückert-Straße. Schon nach wenigen Metern auf der linken Seite befinden sich die Kirche und der Friedhof, dahinter das ehemalige Gut Nattermannshof.

❺ Nattermannshof
Friedrich-Rückert-Straße 13

Hier befindet sich das ehemalige Wohnhaus von Friedrich Rückert und seiner Familie, es ist auch heute noch im Besitz eines Nachfahren. Der ehemalige Gutshof des Schwiegervaters, der so genannte »Nattermannshof«, war der zentrale Lebensort des häufig zu Umzügen gezwungenen Dichters. Nach dem Tod des Schwiegervaters 1836 bemühte sich Rückert intensiv um den Kauf des Anwesens, aber erst 1838 konnte der Kaufvertrag unterschrieben werden. Für 13 000 Gulden Fränkisch erwarb Rückert überglücklich Gebäude, Park und Ländereien, die ihm zum lebenslangen Refugium werden sollten: »Neuer Sitz' am alten Coburg, / Mir im Herbst ein neuer Lenz, / Meine kleine Freudenhochburg, / Ehrenburg und Residenz!«, heißt es im Gedicht *Herbst 1838 in Neuseß*. Noch heute ist sein Arbeitszimmer im ersten Stock im unveränderten Originalzustand zu besichtigen.

1841 ging Friedrich Rückert von Erlangen an die Universität in Berlin, in den Sommermonaten hielt er sich aber stets in Neuses auf, bis er, 1848, auf eigenen Wunsch in Berlin entlassen wurde und fortan bis zu seinem Tod 1866 in Neuses lebte. Hier befindet sich auch, in unmittelbarer Nähe des Gutes, auf dem alten Friedhof bei der Kirche das Familiengrab mit seiner 1857 verstorbenen Frau Luise, seinen Schwiegereltern und dem am 31. Januar 1866 verstorbenen Friedrich Rückert: »Hier ruh'n in Frieden – / Im Tode wie im Leben ungeschieden«.

Der Schriftsteller und Historiker Felix Dahn (1834–1912) besuchte

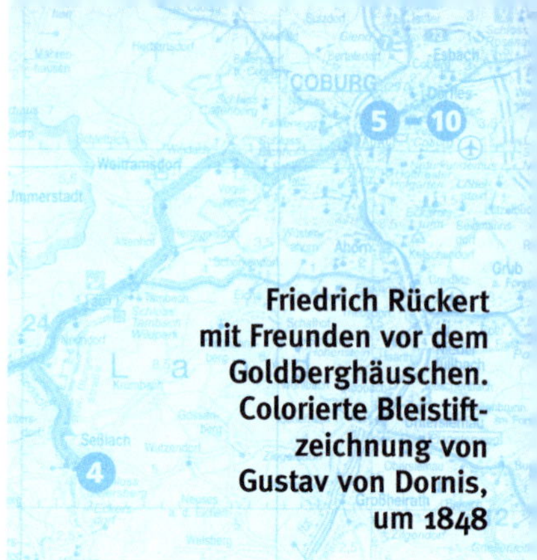

Friedrich Rückert mit Freunden vor dem Goldberghäuschen. Colorierte Bleistiftzeichnung von Gustav von Dornis, um 1848

1854 den von ihm verehrten Rückert: »Bald hielt ich in dem Dorf vor der Kirche. Links neben dieser stand, eine Ecke bildend, an der einen, der Süd-Seite, von einem schmalen, aber lebhaft rinnenden Wasser umspült, ein nicht hohes, einstöckiges, ziemlich in die Länge gezogenes Haus: die Theile zur Rechten schienen Oekonomiegebäude: das Wohnhaus war wunderschön von grünem Schlinggerank überzogen: Das ist sein Haus, sagte ich mir, und zog die Glocke.«

Im Park des ehemaligen Gutshofes, jetzt Rückert-Park, der vom Wohnhaus aus einsehbar ist, steht ein Rückert-Denkmal, das bereits 1869 vom Eisfelder Bildhauer Ernst Conrad enthüllt wurde und durch viele Geldspenden aus aller Welt finanziert werden konnte.

Am Friedhof biegen wir links in die Goldbergstraße ein, nach den letzten Häusern gehen wir rechts durch die Allee. Der an diese anschließende Treppenaufgang endet am Goldberghäuschen.

6 Goldberghäuschen

Goldberghäuschen und Goldberggarten waren Friedrich Rückerts Lieblingsplatz; idyllisch gelegen, boten sie ihm Entspannung und Konzentration, er übersetzte hier die *Hamasa*, eine umfangreiche Sammlung arabischer Gedichte, und schrieb Dramenzyklen, politische Gedichte und Lieder. Felix Dahn schilderte einen gemeinsamen Besuch: »... noch am ersten Abend führte mich Rückert auf einem wunderlieblichen Wiesenpfad hügelaufwärts nach seinem Lieblings-Platz, dem ›Goldberg‹, den eine unvergleichlich mehr ortsvertraute und berufene Feder darstellen soll.« Das Gartenhäuschen im Schweizer Stil wurde am 16. Mai 1846, seinem 56. Geburtstag, eingeweiht; da es ein Regentag war, wurde »aus der Einweihung eine Einweichung«.

In Rückerts Poetischem Tagebuch (1850–1866) heißt es dazu: »In Goldberg's Gartenhaus. / Ich weiß nicht, was in diesen Räumen / Mich macht so unvermerkt verträumen / Die Zeit, die langsam sonst wie Blei, / Hier fließt als wie ein Hauch vorbei. / Wann ich mich hier hab' eingerichtet, / Gedacht, gesonnen und gedichtet, / Auch wohl gelesen nebenbei, / Denk' ich, daß es ein Stündchen sei, / Da will das Abendglockenläuten / Vom nahen Dörfchen mich bedeuten / Es seien volle Stunden zwei, / Und wenn ich säume, werden's drei.«

Wir fahren zurück zur Rodacher Straße, biegen links ein und dann rechts in die Adamistraße. Auf dieser B 4 fahren wir eine ganze Strecke weiter, bis links die Bahngleise auftauchen und es rechts den Judenberg hinaufgeht. Wir nehmen die erste Straße rechts und biegen gleich wieder rechts in die Saalfelder Straße ab, die wir bis zum Parkplatz am Minigolfplatz fahren und wo wir parken.

Coburg

Coburg, das 2006 sein 950-jähriges Bestehen feiern konnte, profitiert seit dem Mittelalter von seiner verkehrsgünstigen Lage. Seit Mitte des 14. Jahrhunderts profilierte sich die Stadt unter dem neuen Wappen mit dem Kopf des Kirchenpatrons St. Mauritius als Handelszentrum und Handwerkerstadt. Johann Casimir (1564–1633) trat 1586 als erster Herzog des kleinen Herzogtums Coburg die Regierung an. Die prosperierende Stadt wurde während des Dreißigjährigen Krieges von katholischen Truppen geplündert und zerstört, aber bereits 50 Jahre später, in der Regierungszeit des Herzogs Albrecht von Sachsen-Coburg (1648–1699), errichtete man die ersten Anlagen des Hofgartens, und die nördlichen Teile der Ehrenburg mit der prachtvollen Schlosskirche und dem »Riesensaal« wurden wieder aufgebaut. 1735 wurde Coburg erneut Residenzstadt, und 1826 entstand das Doppelherzogtum Coburg-Sachsen-Gotha.

Mit der Inbetriebnahme des Bahnhofs 1858 schaffte Coburg den Anschluss an die fortschreitende Industrialisierung, die Stadt wuchs in kürzester Zeit von 6000 auf 22 000 Einwohner. Uwe Timm hat in seinem Roman *Der Mann auf dem Hochrad* (1984) ein atmosphärisch lebhaftes Bild dieser Zeit gezeichnet.

Coburg diente über die Jahrhunderte als Herberge für Flüchtlinge wie Martin Luther und als Etappenziel und Zwischenstation von Ost nach West und umgekehrt, natürlich auch für reisende Schriftsteller wie zum Beispiel für Friedrich Nicolai 1781 auf seiner Deutschlandreise, für Johann Wolfgang Goethe 1782 auf dem Weg nach Jena, Johann Gottfried Herder 1788 zum Trierer Domherr von Dalberg und für Friedrich Hölderlin, der 1793 nach Schloss Waltershausen reiste, um dort seine Lehrerstelle anzutreten. Oder auch für Wilhelm Raabe, der 1860 an der ersten deutschlandweiten Tagung des Nationalvereins in Coburg teilnahm, und Theodor Fontane, der 1873 in Thüringen seinen Sommerurlaub verbrachte und auf Ausflügen auch nach Coburg kam, um nur die Bekanntesten zu nennen. »Gegen Koburg hin wird die Gegend immer schöner, die Stadt selbst hat eine einzig reizende Lage, in einem ausgedehnten Thale der schönsten Wiesen und Gebüsche, am Fuß einer Anhöhe, auf welcher die altherthümliche Festung alles überschaut«, so preist Karl August Varnhagen von Ense 1827 die Stadt.

Zu Fuß gehen wir weiter, halten uns nach ein paar Schritten halbrechts und sehen, neben dem links liegenden ehemaligen Sommerhaus des Kreisgerichtsdirektors Schnür, schon Jean Pauls Gartenhaus.

7 Gartenhaus von Jean Paul Am Adamiberg 8

Das Gartenhaus mit einer Büste Jean Pauls inmitten alten Baumbestandes war früher ein beliebtes Ausflugsziel der Coburger und ist als »Thabor-Berg« in Jean Pauls Roman *Flegeljahre* (1804) eingegangen. Diese Dichterklause war sein tägliches Ziel, er genoss den Blick über die Stadt, hinauf zur Veste und weit hinein ins Coburger Hügelland. »Ich arbeite

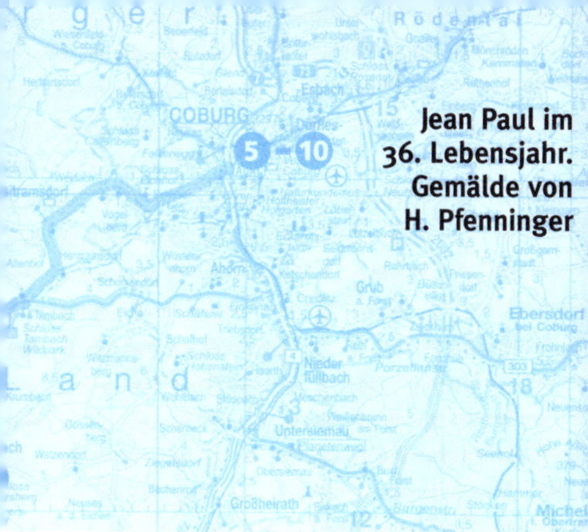

Jean Paul im 36. Lebensjahr. Gemälde von H. Pfenninger

jetzt wie ein Vieh, nämlich in so fern der arme Körper doch auch mit an meiner Aesthetik helfen und schreiben muß, indem er dabei seine Schreibfinger und seinen Hintern und selber seinen Schlund hergeben muß, sogar seine Paar Füße, um den Geist jeden Morgen auf den Adamiberg zu tragen, so solcher tief sinnt und ausarbeitet und den Leib als einen gemeinen Lakaien, unter seinen höhern Begeisterungen zum Bier oder Wein fortgehen lässet«, schrieb er an Emanuel Osmund am 4. Juni 1804. Viele Verse und Aphorismen entstanden in dieser Zeit, vollendet wurden hier die *Vorschule der Ästhetik* (1804) und der Roman *Flegeljahre*: »Ich schreibe auf dem Adamiberg, wahrscheinlich dem einzigen, der nicht mit dem Paradies versank.«

Wir fahren den Judenberg wieder hinunter und biegen rechts in die Adamistraße ein. Bei der nächsten Möglichkeit biegen wir links über Frankenbrücke und Schillerplatz in die Schützenstraße ein. Dann links in die Ketschengasse, dort parken wir und gehen zu Fuß Richtung Marktplatz weiter. Nach mehreren hundert Metern biegen wir rechts ins Steinweglein ein, das nach einer scharfen Linkskurve in die Gymnasiumsgasse übergeht.

8 Wohnhaus von Jean Paul Gymnasiumsgasse 5

Johann Paul Friedrich Richter (1763–1825), genannt Jean Paul, Pfarrerssohn und ehemaliger Theologiestudent, wohnte hier 1803–1804 in einer, wie er schrieb, geradezu »göttlichen Logis«. Auf dem Höhepunkt seines Erfolgs war er 1800 nach Berlin gezogen, wo er sich mit den Brüdern Schlegel, Ludwig Tieck und anderen Autoren anfreundete. Bereits in einem Brief vom 3. November 1801 an Christian Otto aus Meiningen schrieb er über die Gründe, nach Coburg zu ziehen: »Freitags fuhr ich nach Koburg, behielt die Pferde da und gieng Montags zurück. Da nun die Gegend aus 4 oder 5 Eden zusammenbauet ist – die Stadt 100 Dinge hat, die hier fehlen – wenigstens einige Liebhaber der Philosophie und Kunst (z. B. Forberg) – da ich Sontags am Hofe dinierte und théeirte – die Herzogin (meine brünstigste Leserin) und noch eine ungesehene kranke Prinzessin so trefflich fand und den Herzog so gut und die Grosfürstin so schön und alles so familienmässig und viele Weiber gebildet und den M Kretschmann als einen herlichen philosophischen recht geachteten Kopf (saß neben ihm bei Tafel; seine Physiognomie hat indes etwas von Gentz seiner, insofern sie das Zifferblatt des Herzens ist) und da ich abends bei ihm essen sollte (aber nicht konnte, weil mir so schlecht war, dass ich neben der Herzogin sizend und froh redend doch 5mal ungesehen ins Schnupftuch schwach spie) und der Bücher wegen und weil Meiningen ein Dorf dagegen ist und ich Euch und dem Biere näher bin: so zieh' ich im April *entschieden* nach Coburg.«

Jean Paul ging es anfangs sehr gut in seiner neuen Coburger Umgebung, wie er in einem Brief vom 23. Oktober 1803 schrieb: »Mein Schreibfenster, das den ganzen Itzgrund beherrscht (denn ich wohne im Grunerschen Hause in der Gymnasiumsstraße), und das Blühen der Meinigen ... mich sichtbar unterstützen; ja ich würde ... dazu selber den gedachten Gottesacker schlagen, wo man eben jetzt (es ist Sonntags 12 Uhr) halb in der Salvatorskirche, halb auf deren Kirchhofe im Sonnenscheine zwischen Kindern, Schmetterlingen, Sitz-Gräbern und fliegenden Blättern des Herbstes den singenden, orgelnden und redenden Gottes-Dienst so hält, daß ich alles hier am Schreibtische höre.«

Hier wurde zudem am 9. November 1803 sein Sohn Max geboren. Er selbst fand rasch Anschluss an die Coburger Gesellschaft und war häufig Gast am Hofe des Herzogs Franz Friedrich Anton. Er fühlte sich wohl und hatte gesellschaftlichen Umgang mit dem Archivrat Friedrich Karl Forberg (1770–1848), dem Biographen Johann Ernst Gruner (1757–1822) und mit dem Schriftsteller und Staatsminister Moritz August von Thümmel (1738–1817). Aber als der von ihm geschätzte Finanzminister Theodor von Kretschmann (1762–1820), der die Finanzen des Herzogtums sanieren sollte, ihn in ein Geflecht aus Intrigen verwickelte, wurde Jean Paul kritischer und zog sich vom Hof und allen Gelehrten zurück.

Jean Paul, ein Freund des Gerstensaftes, ließ sich immer extra Bier aus Bayreuth kommen. Ob das der Grund für seinen Umzug nach Bayreuth im August 1804 war?

Wir gehen die Gymnasiumsgasse weiter, bis wir auf die Steingasse stoßen, biegen rechts in diese ein und dann gleich wieder links in die Rückertstraße.

9 Wohnhaus von Friedrich Rückert Rückertstraße 2

Im Haus des Archivrats Johann Alberecht Christoph Fischer mietete sich Friedrich Rückert 1820 bei einer verwitweten Frau von Gersdorf ein und wohnte nun gegenüber der Ehrenburg, dem Herzoglichen Residenzschloss, nicht weit von der Morizkirche und dem berühmten Gymnasium Casimiranum. Bis 1826 lebte Rückert hier, um in der Herzoglichen Bibliothek, die mit ihren persischen, arabischen, indischen und chinesischen Originalhandschriften eine wahre Schatztruhe für den Orientalisten und Sprachforscher darstellte, intensive Sprachstudien zu betreiben und sich für eine Stelle an der Universität Erlangen zu qualifizieren.

Rückert heiratete bald die 23-jährige Anna Luise Maria Magdalena Wiethaus-Fischer, Stieftochter des Archivrats Fischer. Fortan arbeitete er wie besessen; über 300 Lieder, oft Luise zugeeignet, die später im *Liebesfrühling* (1834) zusammengefasst wurden, entstanden in dieser Zeit. Seine Frau brachte den Nattermannshof in die Beziehung ein, der erst Rückzugsort, später ständiger Wohnsitz werden sollte. Zehn Kinder entstammten dieser Verbindung, sieben überlebten. Es war eine stabile, glückliche Ehe, aber es existierten ökonomische Zwänge, denn Rückert verfügte weder über eine feste Anstellung noch über ein regelmäßiges Einkommen. So suchte er einen Brotberuf und wollte sich für den Orientalistik-Lehrstuhl in Erlangen durch die Übersetzung besonders komplizierter Texte empfehlen. 1826 bekam er die Professur in Erlangen und zog um.

Auf der anderen Straßenseite befindet sich das Schloss Ehrenburg. Wir folgen der Rückertstraße Richtung Norden und wenden uns bei nächster Gelegenheit nach rechts zum Schlossplatz.

10 Schloss Ehrenburg Hochzeitskirche von Johann Strauß

Sein liberaler protestantischer Charakter bescherte dem Herzogtum Sachsen-Coburg-Gotha einen weltberühmten Neubürger. Als der »Walzerkönig« Johann Strauß (1825–1899) sich von seiner zweiten Gemahlin scheiden lassen wollte, um Adele Deutsch, mit der er bereits lange zusammenlebte, zu heiraten, war das nach dem katholisch geprägten österreichischen Recht nicht möglich. Herzog Ernst II. von Coburg, selbst ein Musikliebhaber und als Komponist tätig, verlieh Johann Strauß 1886 die Staatsbürgerschaft und trennte die Ehe. Am 15. August 1887 fand im Coburger Rathaus die Trauung statt, und in der Coburger Hofkirche erteilte der herzogliche Hofprediger dem Paar den Segen. Danach lebten die Eheleute als protestantische Coburger Staatsbürger wiederum in Wien. 13 Jahre lang war Johann Strauß ein Bürger Coburgs und widmete dem herzoglichen Haus aus Dankbarkeit 17 Kompositionen.

Wir beenden den Ausflug nach Coburg und fahren über Lichtenfels und Bad Staffelstein auf der B 173 nach Bamberg zurück.

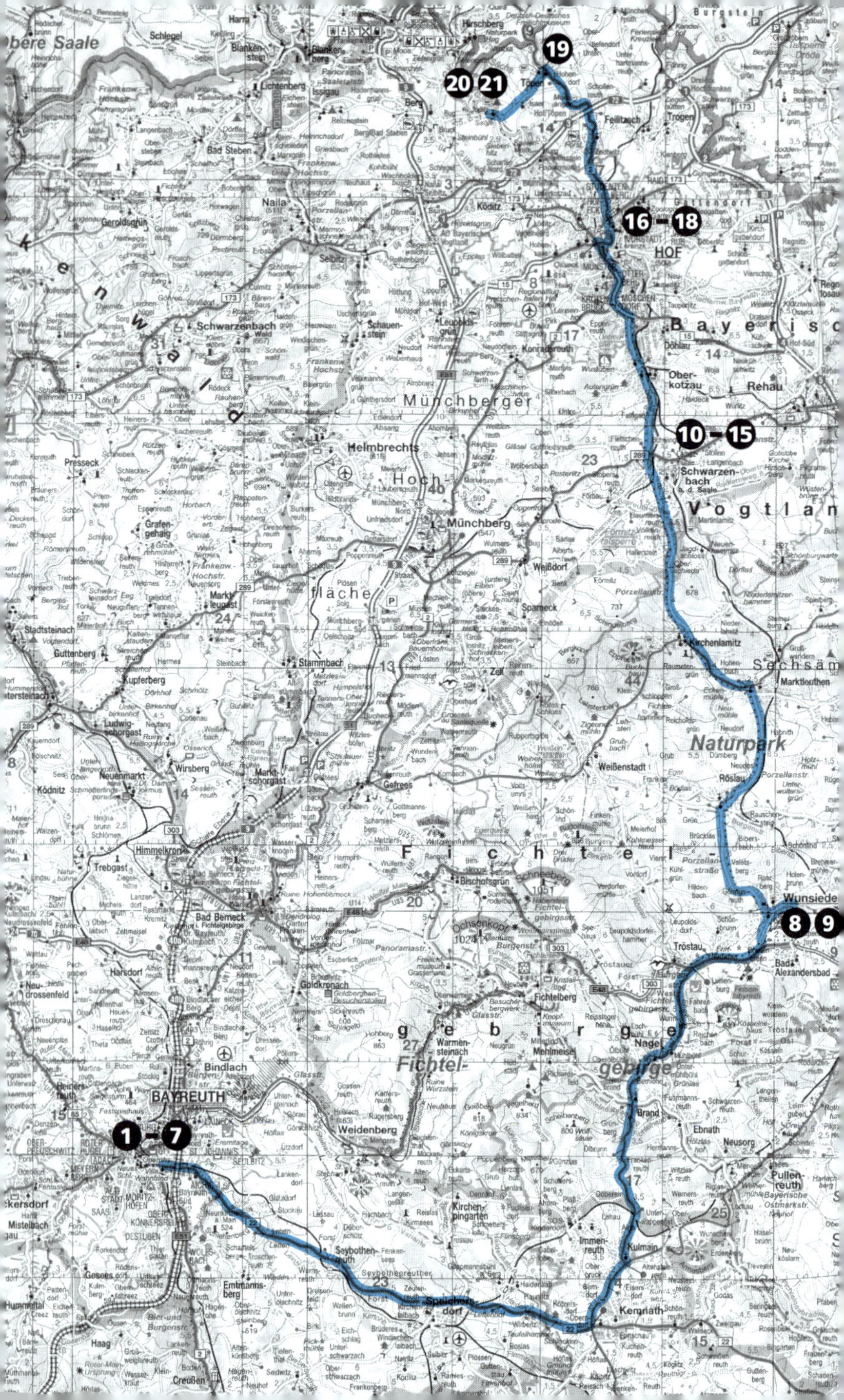

19
20
21
16 – 18
10 – 15
8
9
1 – 7
Obere Saale
Schlegel
Blankenstein
Blankenberg
Hirschberg
Lichtenberg
Issigau
Berg
Töpen
Feilitzsch
Trogen
Bad Steben
Naila
Geroldsgrün
Köditz
Gattendorf
HOF
Selbitz
Schwarzenbach a. Wald
Schauenstein
Leupoldsgrün
Konradsreuth
Bayerisc
Döhlau
Oberkotzau
Rehau
Münchberger
Helmbrechts
Hochfläche
Presseck
Schwarzenbach a. d. Saale
Vogtlan
Münchberg
Weißdorf
Grafengehaig
Sparneck
Marktleugast
Stadtsteinach
Guttenberg
Kirchenlamitz
Stammbach
Zell
Sechsäm
Marktleuthen
Kupferberg
Ludwigschorgast
Naturpark
Wirsberg
Neuenmarkt
Marktschorgast
Gefrees
Weißenstadt
Röslau
Himmelkron
Trebgast
Fichtelgebirge
Bischofsgrün
Schneeberg 1051
Wunsiedel
Bad Berneck
Ochsenkopf 1024
Tröstau
Bad Alexandersbad
Harsdorf
Goldkronach
Fichtelberg
Nagel
Bindlach
Mehlmeisel
Fichtel-
gebirge
BAYREUTH
Weidenberg
Brand
Ebnath
Neusorg
Pullenreuth
Kirchenpingarten
Immenreuth
Kulmain
Seybothenreuth
Speichersdorf
Kemnath
Emtmannsberg
Creußen
Haag

2. Bayreuth · Wunsiedel Schwarzenbach · Hof · Töpen Joditz

Wir verlassen Bamberg auf der A 70/ E 48 Richtung Nürnberg/Bayreuth/ Coburg. Nach knapp 60 Kilometern biegen wir am Autobahndreieck Bayreuth/Kulmbach auf die A 9/E 51 Richtung München/Nürnberg/Bayreuth ab. Nach 8 Kilometern an der Ausfahrt Bayreuth-Nord die Autobahn verlassen und weiter auf der B 2 Richtung Bayreuth-Nord. Nach 500 Metern links abbiegen auf die B 2 Richtung Bayreuth.

Bayreuth

Die früheste urkundliche Nennung Bayreuths datiert auf das Jahr 1194. Bekannt ist, dass die bayerischen Grafen von Andechs die Stadt gründeten, dass sie 1260 durch eine Erbschaftsregelung an die Burggrafen von Nürnberg überging und als Teil der Markgrafschaft Brandenburg-Culmbach viele Jahrhunderte existierte. Bis 1603, dem Regierungsantritt des Markgrafen Christian, wurde das Land von der Kulmbacher Plassenburg aus regiert. Dieser verlagerte den Sitz seiner Regentschaft nach Bayreuth, das bislang eher ein Schattendasein geführt hatte. Umfangreiche Bautätigkeiten setzten sofort ein, das Alte Schloss zum Beispiel wurde mehrfach vergrößert, und auch das gesamte Erscheinungsbild der neuen Residenzstadt veränderte sich maßgeblich. Höfisches Leben zog ein, ein Verwaltungsapparat mit vielen Beamten prägte die Atmosphäre der Stadt am Roten Main. Doch der Dreißigjährige Krieg 1618–1648 hinterließ auch in Bayreuth seine schrecklichen Spuren, und es dauerte mehrere Jahrzehnte, bis sich die Stadt davon erholt hatte. Nach den Regentschaften von Christian (bis 1655) und seinem Enkel Christian Ernst (1661–1712) erlebte Bayreuth unter dem Markgrafenpaar Friedrich und Wilhelmine, Schwester Friedrichs des Großen, seine Blütezeit. Wolfgang Koeppen sagte von der Markgräfin (1709–1758): »Sie war zu groß für Bayreuth und hätte auf eine Weltbühne gehört.« Die weltoffene und kunstsinnige Gräfin und ihr Ehemann veranlassten zwischen 1735 und 1763 eine rege Bautätigkeit, die zur schnellen Errichtung der markanten Bauten und Anlagen führte und die bis heute Bayreuths Stadtbild prägt: das Markgräfliche Opernhaus, das wohl schönste erhaltene Barocktheater Europas, die Eremitage, das Neue Schloss, die Friedrichstraße und der Hofgarten. Man huldigte den schönen Künsten und gründete 1742 auch die Bayreuther Universität. Voltaire (1694–1778), der zu Gast bei der Markgräfin im Schloss war, äußerte sich lobend: »Bayreuth ist ein wunderlicher stiller Ort, man kann da alle Annehmlichkeiten eines Hofes ohne die Unbequemlichkeiten der großen Welt genießen.«

1792 wurde Bayreuth preußisch, ab 1806 litt es unter der Besetzung durch napoleonische Truppen. Erst der Übergang in ein neu strukturiertes Königreich Bayern 1810 führte die Stadt wieder in ruhiges Fahrwasser und geordnete Verhältnisse. Um 1800 zählte Bayreuth etwa 11 000 Einwoh-

Bayreuth, um 1845

ner, viele davon waren in Brauereien und in der Textilindustrie tätig. Doch Bayreuth verpasste den Anschluss an die Industrialisierung, weil die Stadt nach dem Geschmack der bayerischen Regierung etwas zu abseits von alten und neu geplanten Streckenführungen, vor allem bei der Eisenbahn, lag.

Mit Richard Wagner (1813–1883) wurde (fast) alles anders. Er hatte Bayreuth erstmals 1835 besucht und sich dann 1872 in Schloss Fantaisie in Donndorf niedergelassen, fünf Kilometer westlich von Bayreuth. 1872–1873 wurden Festspielhaus und Villa Wahnfried erbaut, 1876 fanden erstmals die Richard-Wagner-Festspiele am Grünen Hügel statt. Über seine Motive, nach Bayreuth zu kommen, schrieb er: »Warum ich für die Ausführung meines Planes mir gerade Bayreuth als Lokal auswählte, wird aus den Anforderungen, welche ich für dieses Lokal aufstellte, nicht unerklärlich sein. Der Ort sollte keine Hauptstadt mit stehendem Theater, auch keiner der frequentesten großen Badeörter sein, welche gerade im Sommer mir ein durchaus ungeeignetes Publikum zuführen würden. Er sollte dem Mittelpunkte von Deutschland zu gelegen und ein bayerischer Ort sein, da ich zugleich an eine dauernde Übersiedelung für mich dabei denke und diese im Fortgenuß der vom Könige von Bayern mir erwiesenen Wohltaten nur in Bayern zu treffen für schicklich finden muß. Außerdem hat mir schon in frühester Zeit dieser freundliche Ort mit seinen Umgebungen einen anziehenden Eindruck hinterlassen.« Bayreuth wurde zur »Wagner-Stadt«, spätestens ab 1888 ein fester Bestandteil im europäischen Opernkalender. In der Richard-Wagner-Straße 48 befindet sich heute ein Wagner-Museum. Das Grab von Richard Wagner und seiner Gattin Cosima Wagner ist im Garten der Villa »Wahnfried« zu besichtigen (vgl. S. 26 f.).

Johann Paul Friedrich Richter, der sich als Dichter Jean Paul nannte, ließ sich 1804 in Bayreuth nieder, wo er am 14. November 1825 starb. Er war zu seiner Zeit ein ausgesprochener Bestsellerautor, seine Texte kamen vor allem bei der weiblichen Leserschaft gut an. Aber auch große Autoren wie Karl Philipp Moritz, Johann Gottfried Herder, Johann Wilhelm Ludwig Gleim und Christoph Martin

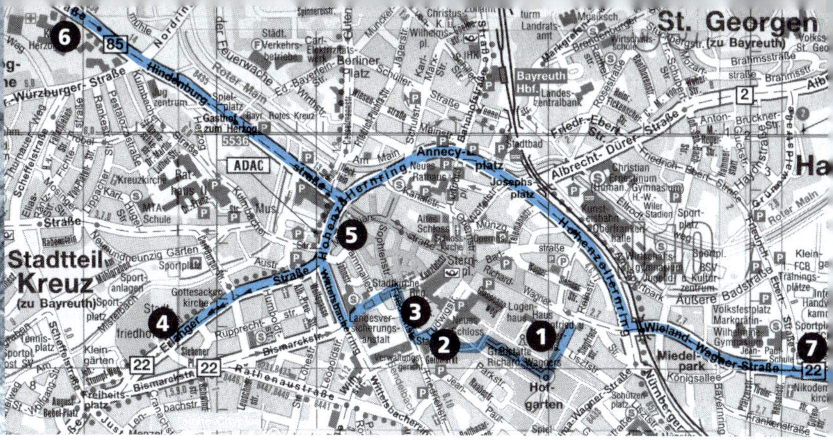

Wieland zählten zu seinen Bewunderern, vor allem des Romans *Hesperus oder 45 Hundsposttage* (1795). Gegen Ende des 19. Jahrhunderts sah man in ihm eher den umständlich schreibenden Idylliker; Friedrich Nietzsche nannte ihn gar ein »Verhängnis im Schlafrock«.

Noch vor Jahren war es üblich zu schreiben, der Dichter und sein Werk seien fast vergessen. In den letzten Jahren jedoch erlebten seine Werke eine Renaissance. Immer mehr gegenwärtige Autoren bekennen sich zu Jean Paul, der längst nicht mehr als harmloser Humorist abgetan wird. Sein Sprachreichtum, das assoziativ abschweifende Erzählen, die Einbeziehung vielerlei Lesefrüchte, die überraschenden Wendungen und vor allem die zahlreichen skurrilen Wortneuschöpfungen machen ihn zu einem Vorläufer der literarischen Moderne.

In seinem Werk wird Bayreuth gelegentlich genannt, so die Eremitage und das Schloss bei Donndorf. Wanderwege von Siebenkäs und Leibgeber führen durch Bad Berneck und Gefrees, und das Fichtelgebirge erscheint in den *Flegeljahren*. Über die Stadt wagte er einmal den Ausspruch: »Bayreuth hat einen Fehler, daß zu viele Bayreuther darin wohnen.«

Wir beginnen unsere Reise auf den Spuren Jean Pauls in der Innenstadt Bayreuths. Da die Entfernungen zwischen den einzelnen Stationen des Spaziergangs doch relativ weit sind, wird geraten, sie eventuell mit dem Auto zurückzulegen.

1 Jean-Paul-Museum Wahnfriedstraße 1

Das seit 1980 bestehende Jean-Paul-Museum wurde von Dr. Philipp Hausser, einem Nachfahren des einstigen Vermieters Jean Pauls und dem heutigen Besitzer seines Wohn- und Sterbehauses, gestiftet. Es zeigt eine einzigartige Sammlung an Autographen, Erstausgaben, Fotos und weiteren Dokumenten zu Leben und Werk Jean Pauls. Es entbehrt nicht einer gewissen Pikanterie, dass das Museum im ehemaligen Wohnhaus von Richard Wagners Tochter Eva und deren Mann Houston Stewart Chamberlain (1855–1927), dem Wagner-Verehrer und Rassetheoretiker, untergebracht ist.

Wir gehen vom Museum aus quer durch den Hofgarten direkt zum Jean-Paul-Platz, der sich an der Kreuzung von Friedrichstraße, Wilhelminenstraße und Ludwigstraße befindet.

2 Jean-Paul-Denkmal
Jean-Paul-Platz

Die Bayreuther Bürger baten den bayerischen König Ludwig I. um ein Denkmal, das er ihnen 1841 spendete, eine Bronzefigur von Ludwig Schwanthaler.

Wir gehen wenige Schritte weiter in die Friedrichstraße.

3 Ehemalige Wohnungen von Jean Paul
Friedrichstr. 5 und 10

Jean Paul traf am 12. August 1804 mit Frau und Kindern in Bayreuth ein: »Ich bleibe so lang' ich lebe, der alte Möbeln-Verächter, ausgenommen der bequemen Möbel, wie mein geschmackloses Kanapee ist.« Sieben Mal hat er, der sich selbst als »häusliches Schalentier« bezeichnete, in Bayreuth die Wohnung gewechselt (u. a. wohnte er Maximilianstr. 9 und Friedrichstr. 10), bevor er sich im Herbst 1813 für den Rest seines Lebens im Haus Friedrichstraße 384 (heute Nr. 5) im 2. Stock einrichtete. An der Fassade ist eine Gedenktafel angebracht.

Die Fenster der Wohnung gingen zum Hof und zum Garten mit einer Laube, dort befand sich auch ein Brunnenbecken, das Jean Paul als Hundebad für seinen Spitz und seinen Pudel benutzte. Hier war es ruhig, geradezu idyllisch und ideal für Kinder. Jean Paul darf als mustergültiger Vater gelten. Seine Tochter Emma schrieb: »In der Dämmerstunde erzählte er uns früher Märchen oder sprach von Gott, von der Welt, dem Großvater und vielen herrlichen Dingen. Wir liefen um die Wette hinüber, ein jedes wollte das erste neben ihm auf dem langen Kanapee sein; der alte Geldkoffer mit Eisenreifen und einem Loch oben im Deckel, daß ein Paar Mäuse nebeneinander ohne Drücken hindurch konnten, wurde in der ängstlichen Eile die Treppenstufe, von der man über die Kanapeelehne stieg. Denn vorn zwischen dem Tisch und dem Repositorium sich durchzuwinden, war mühselig. Wir drängten uns alle drei zwischen die Sofawand und des liegenden Vaters Beine; oben über ihm lag der schlafende Hund. Hatten wir endlich unsre Glieder zusammengeschoben und in die unbequemste Stellung gebracht, so ging das Erzählen an.«

Der Stadtfriedhof von Bayreuth mit dem frühen Jean-Paul-Grabmal

Jean Pauls Domizil im Schwachbacher-Haus in der Friedrichstraße

Der Eingang zur Wohnung führte durch die Küche, dann gab es einen Salon, ein Schlafzimmer nach vorne hinaus, diverse Kammern und sein Arbeitszimmer mit einem Laubfrosch für die Wettervorhersage, Fliegen für die Spinnen, mit Mäusen, Kanarienvögeln und einem Eichhörnchen. Es war nicht nur unordentlich, es herrschte das absolute Chaos, wie alle Besucher übereinstimmend berichten. Jean Paul selbst schrieb: »Das Zimmer ist klein und so vollgekramt, daß nur ein Gang in der Mitte bleibt, wo zwei Menschen gehen können. An der Wand links zwischen Ofen und Tür steht ein Bücherschrank, in dem die Bücher durch- und aufeinanderliegen als seien sie in Jahren nicht in der Hand eines Lesers gewesen. Am Fenster, der Tür fast gegenüber, ist ein großer Tisch, der so mit Papieren und Büchern und Weingläsern bekramt ist, daß ich ihn noch einmal besser ins Auge fassen muß, um ihn mir deutlich denken zu können.«

Es war eine weitgehend glückliche Zeit, die Jean Paul mit seiner Familie in Bayreuth verbrachte. Sie kamen finanziell einigermaßen über die Runden, und Jean Paul, der als verschroben galt, hatte seine Ruhe zum Schreiben. Erst mit der Erkrankung seines Sohnes Max, der in München studierte, 1821 mit Ruhr und Typhus ins Bayreuther Elternhaus zurückkam und dort starb, verdüsterte sich Jean Pauls Weltsicht. Das war ein schwerer Schlag, von dem er sich nicht mehr erholte. Er wurde selbst krank, erblindete, »alle Freude war ihm genommen«, er schrieb nur noch am *Kometen* (1820–22) bis zu seinem Tod 1825.

Wir halten uns westwärts Richtung Wittelsbacherring, biegen in diesen nach rechts ein und gehen/fahren ihn in Richtung Norden, bis links die Erlanger Straße abzweigt.

4 Alter Friedhof Gräber von Jean Paul und Franz Liszt Erlanger Straße 40

Auf dem Stadtfriedhof an der Erlanger Straße hat Jean Paul seine letzte Ruhestätte gefunden. Auf dem Grab, in dem auch sein Sohn Max bestattet wurde, steht ein fast mannshoher Granitstein aus dem Fichtel-

Grabkapelle Franz Liszts vor der Zerstörung im Zweiten Weltkrieg

Die Rollwenzelei vor den Toren Bayreuths

gebirge, efeuumrankt und von einer Buchenhecke flankiert, eine hohe Linde darüber.

Sein Biograph Günter de Bruyn hielt mit Blick auf den Tod des großen Satirikers Jean Paul folgendes fest: »Drei Tage später tut die Stadt so, als hätte sie es immer schon für eine Ehre gehalten, einen solchen Mann in ihren Mauern zu halten. Man feiert den Schriftsteller sehr, als man ihn zu Grabe trägt. Der beste Dichter ist der tote Dichter.«

Am Alten Stadtfriedhof findet man auch das Mausoleum von Franz Liszt (1811–1886), dem weltberühmten Komponisten und Pianisten, dessen Tochter Cosima 1870 Richard Wagner heiratete. (Ein Franz-Liszt-Museum ist nahe den Wagner-Gedenkstätten, Wahnfriedstraße 9, eingerichtet.)

Wir fahren die Erlanger Straße zurück, biegen links in den Hohenzollernring ein. Dann rechts in die kleine Straße Mühltürlein, die nach 100 Metern in die Maximilianstraße mündet. Am Haus Nr. 31 befindet sich eine Gedenktafel.

5 Geburtshaus von Max Stirner Maximilianstr. 31 (Früher Hauptstraße)

Max Stirner wurde als Johann Caspar Schmidt am 25. Oktober 1806 hier, gegenüber dem Rathaus, als Sohn eines Flötenbauers aus Ansbach geboren. Sechs Monate später starb der Vater, die aus Erlangen stammende Mutter heiratete einen Apotheker in Culm an der Weichsel und verließ die Stadt. Stirner wurde 1810 nachgeholt, 1818 aber wieder nach Bayreuth, in das Haus des Taufpaten Johann Caspar Martin Sticht, geschickt. Bis 1826 blieb er dort und absolvierte mit hervorragenden Noten das Humanistische Gymnasium, dann ging er zum Studium nach Berlin. Er war als Lehrer, Journalist und Übersetzer tätig und starb 1856 in Berlin. Sein Hauptwerk *Der Einzige und sein Eigentum* (1844) gilt als idealistisches Grundlagenwerk gegen jede Form von Herrschaft, ging aber in den revolutionären Bewegungen seiner Zeit unter.

Wir fahren zurück auf den Hohenzollernring, biegen rechts in diesen ein,

dann links in die Hindenburgstraße, die B 85. Diese geht in die Kulmbacher Straße über, an deren Anfang links das Klinikum Herzoghöhe liegt.

6 Klinik Herzoghöhe Aufenthaltsort von Oskar Panizza Kulmbacher Straße 103

Oskar Panizza (1853–1921), der mit seinem Drama *Das Liebeskonzil* und verschiedenen Aufsätzen mehrfach wegen Gotteslästerung und Majestätsbeleidigung verurteilt und schließlich auf Betreiben seiner Familie in die Psychiatrie eingewiesen wurde, kam 1905 in die Anstalt St. Gilgenberg in Donndorf, 5 Kilometer westlich von Bayreuth. Karl Ferdinand Gutzkow (1811–1878), liberaler Publizist und Verfasser des wegen Freizügigkeiten verbotenen Dramas *Wally* (1835), wurde 1836 wegen Gotteslästerung und unzüchtiger Schriften zu einem Monat Gefängnis verurteilt. Er verbrachte 1866 nach einem Selbstmordversuch ein Jahr ebenfalls in der Heilanstalt St. Gilgenberg.

Dieses Sanatorium für Gemütskranke mit 20 Patienten wurde im März 1908 verkauft. Bereits 1907 wurde Panizza in das Luxussanatorium Mainschloss, als Teil der Herzoghöhe, überwiesen, das keine psychiatrische Klinik im engeren Sinn, sondern nach heutigem Verständnis eher eine Reha-Klinik für leichte innere Krankheiten war. Er starb 1921 nach 16-jährigem Aufenthalt; sein Grab am Alten Friedhof wurde 1947 aufgelöst (vgl. S. 47 f., 51).

Wir fahren zurück in die Hindenburgstraße, biegen links in den Hohenzollernring ab, dann wieder links in die Königsallee, die B 22, Richtung Weiden.

7 Rollwenzelei Jean-Paul-Zimmer Königsallee 84

Einen ruhigen Platz zum Arbeiten fand Jean Paul bei der Wirtin Anna Dorothea Rollwenzel, die einen Landgasthof zwischen Bayreuth und dem markgräflichen Lustschloss Eremitage betrieb. Sie kümmerte sich reizend um ihn und stellte ihm ein Eckzimmer im oberen Geschoss ihres Hauses mit wunderbarem Blick auf das Fichtelgebirge als Arbeitsraum zur Verfügung. Mit Hund, langem Mantel und Hut, eine Ledertasche umgehängt, in der er Manuskripte oder Bücher mit sich führte, wanderte Jean Paul täglich von seiner Wohnung zu diesem Refugium. Die gastfreundliche Wirtin erzählte: »Hier ist die Stube! Hier hat Jean Paul seit zwanzig Jahren fast tagtäglich gesessen und geschrieben; hier an diesem Tische hat er gearbeitet, viel gearbeitet, ach Gott, er hat sich zu Tode gearbeitet. Ich hab' es ihm oft gesagt: ›Herr Legationsrat, Sie arbeiten sich zu Tode! Schonen Sie sich! Sie halten es nicht lange so aus!‹ – Wenn ich manchmal um 2 Uhr mit dem Essen fertig war und anklopfte und frug: ›Herr Legationsrat, befehlen Sie zu speisen?‹ dann saß er da, die Augen rot und groß aus dem Kopfe herausstehend, und sah mich lange an, eh' er sich besinnen konnte. ›Gute Rollwenzeln‹, sprach er dann, ›noch ein Stündchen.‹ Und nach einem Stündchen kam ich wieder, aber der Geist ließ ihn noch nicht zu sich kommen, und wenn er endlich aufstand und die Treppe herunter kam, da schwankte er hin und her, und ich ging, ohne daß er es merkte, vor ihm her, damit er keinen Schaden nähme.« Jean Paul hatte gerne seine Ruhe, trieb vergnügt seinen »Trinkunfug« und pflegte selbst im Alter manche Liebelei, die seine Frau eifersüchtig machte und ihn zur Flucht zur Rollwenzelei zwang.

Heute ist die ehemalige Wirtschaft ein Privathaus, das Zimmer kann aber nach Voranmeldung besichtigt werden. In der Dichterstube stehen heute sein Schreibtisch und sein Ruhesofa und weitere Erinnerungsstücke.

Wir fahren die B 22 weiter bis nach Oberndorf-Kemnath und biegen dort links ab und dann nochmals links in Kulmain auf die Wunsiedler Straße bis nach Tröstau. Dort weiter auf der Fichtelgebirgsstraße, der B 303/E 48, nach Wunsiedel.

Wunsiedel

Kurz vor Wunsiedel biegen wir links in die Luisenburgstraße ein, die zur Straße An der Steinernen Brücke wird. Nach einer scharfen Linkskurve befinden wir uns auf dem Ludwig-Hacker-Platz, der zur Jean-Paul-Straße wird. An deren Ende biegen wir links in die Maximilianstraße ab, gleich rechts liegt der Spitalhof.

8 Fichtelgebirgsmuseum Jean-Paul-Zimmer und Karl-Sand-Zimmer Spitalhof

Eine kleine Abteilung des Museums im Bereich Regionalgeschichte ist für die beiden bekanntesten Söhne der Stadt reserviert: Jean Paul und Karl Ludwig Sand (1795–1820). Der Student und radikale Burschenschaftler, der 1819 den Dichter und Diplomaten August von Kotzebue erdolchte, avancierte mit dieser Tat, vor allem im Vormärz, zur Ikone nationalistischer Kreise und wurde zum Gegenstand zahlreicher Aufsätze, Gedichte, Pamphlete, Theaterstücke und Romane.

Wir gehen die Maximilianstraße weiter und biegen dann links zum Jean-Paul-Platz ab. Jean Pauls Geburtshaus steht neben der evangelischen Kirche St. Veit und dient heute als Gemeindehaus. Der Jean-Paul-Brunnen und das Denkmal stehen vor dem Haus.

9 Geburtshaus von Jean Paul Jean-Paul-Platz 8

Das von Professor Ludwig Schwanthaler errichtete Denkmal ist eine Granitsäule mit einer Bronzebüste des Dichters mit der Aufschrift »Wunsiedel seinem Jean Paul Fr. Richter«. Die Wunsiedler gründeten 1835 einen »Verein zu Jean Paul Richters Denkmal«, der Spenden sammelte und 1845 endlich in der Lage war, die Büste vom Münchner Bildhauer in Empfang zu nehmen.

Jean Paul kam 1763 als Johann Paul Friedrich Richter in Wunsiedel im Fürstentum Bayreuth zur Welt. Die Familie litt ständige Not. Der Vater war Lehrer und Organist, 36 Jahre alt und seit zwei Jahren verheiratet, als er diese Stelle 1760 bekam. Das Amt aber musste erkauft werden: für fünf Gulden. Jean Paul hatte sechs Geschwister, zwei Mädchen lebten nicht lange. Jean Paul war der Älteste. Heinrich, der die Not nicht ertrug, nahm sich das Leben. Adam ging zum Militär, Gottlieb wurde Schreiber, Samuel ein Kleinkrimineller, der im Lazarett starb. Jean Paul äußerte sich freundlich über seinen Heimatort, in dem er allerdings nur sehr kurze Zeit lebte, weil sein Vater erst nach Joditz und dann nach Schwarzenbach an der Saale versetzt wurde: »Ich bin gern in dir geboren, Städtchen am langen hohen Gebirge, dessen Gipfel wie Adlerhäupter zu uns niedersehen!«

Wir verlassen Wunsiedel Richtung Norden und fahren auf der Hofer Straße über Röslau, Marktleuthen und Kirchenlamitz nach Schwarzenbach an der Saale.

Schwarzenbach an der Saale

Am Ende der Kirchenlamitzer Straße biegen wir links in die Bahnhofstraße ein, dann wieder links über den Fluss in die Ludwigstraße und rechts in den Kirchberg.

10 St. Gumbertus-Kirche Pfarrhof und Friedhof Kirchberg 2

Als Jean Paul 13 Jahre alt war, 1776, wurde dem Vater Johann Christian Christoph Richter eine neue Pfarrstelle in Schwarzenbach an der Saale, das damals ein Marktflecken mit etwa 1500 Einwohnern war, zugesprochen. Leider starb er 1779 im Alter von 51 Jahren. Vom Grab des Vaters, das sich an der Friedhofsmauer befindet, ist lediglich der Stein erhalten geblieben. Die Schrift auf dem Grabstein informiert wortreich über dessen Werdegang.

Die Familie musste daraufhin das Haus räumen und zog ins Sandens-Haus am Wallgarten. Doch noch heute sieht man einen Türriegel im Pfarr-

Schwarzenbach an der Saale

haus, in den die Initialen J. P. F. R. eingeschnitzt sind. In der *Selberlebensbeschreibung* (1798) heißt es: »Schwarzenbach an der Saale hatte freilich viel – einen Pfarrer und einen Kaplan – einen Rektor und einen Kantor – ein Pfarrhaus voll kleiner und zwei großer Stuben – diesem gegenüber zwei große Brücken mit der dazugehörigen Saale – und gleich daneben das Schulhaus so groß (wohl größer) wie das ganze Joditzer Pfarrhaus – und unter den Häusern noch ein Rathaus, nicht einmal gerechnet das lange leere Schloß.«

Wir gehen den Kirchberg hoch und biegen links in die Spitalstraße.

11 Ehemaliges Kantorat Kirchberg 4

Das »Kantorat« bezeichnete das alte Schulhaus, in dem sich auch die Wohnungen der Lehrer befanden. Jean Paul ging ab 1776 hier erstmals regelmäßig zur Schule, bis er 1779 ans Gymnasium nach Hof wechselte: »Die Schulstube oder vielmehr die Schularche faßte Abc-Schützen, Buchstabierer, Lateiner, große und kleine Mädchen – welche wie an einem Treppengerüste eines Glashauses oder in einem alten römischen Theater, vom Boden bis an die Wand hinauf saßen – und Rektor und Kantor samt allem dazugehörigen Schreien, Summen, Lesen und Prügeln in sich«, erinnert er sich in der *Selberlebensbeschreibung*.

Wir gehen den Kirchberg wieder hinunter, geradeaus über den Marktplatz zum Anfang der Münchberger Straße.

12 Ehemalige Kaplanei Münchberger Straße 4

Die ehemalige zweite Pfarrstelle, früher auch Diakonat oder Kaplanei genannt, war eine Stiftung der Herren von Hirschberg, der ersten bekannten Besitzer Schwarzenbachs. In Jean Pauls Jugendjahren wohnte in diesem Haus Kaplan Johann Samuel Völkel, der ihn nicht nur in Philosophie, Geographie und im Schachspiel unterrichtete. Jean Paul dankte ihm später auch für »seine Anleitung zum deutschen Stil«. Völkel beeinflusste maßgeblich die Entwicklung von Jean Pauls Denken in Richtung der Aufklärung: »Diese Stunden des Kaplans setzt ich endlich auf ein Schachspiel und sie wurden verspielt, weil – nicht gespielt wurde. Zuweilen nämlich beschloß der Kaplan den geographischen Unterricht mit einem im Schach; mein liebstes Spiel bis noch jetzt, ob ich gleich darin wie in jedem andern der Anfänger geblieben, als der ich gleich anfangs aufgetreten.«

In Schwarzenbach begann auch sein Klavierunterricht. Und Pfarrer Erhard Friedrich Vogel aus Rehau stellte ihm seine umfangreiche Bibliothek zur Verfügung. Jean Paul war eine Leseratte, exzerpierte alles und machte sich ständig Notizen, sammelte diese in Heften und versah sie mit Registern. Er baute mit seinen bescheidenen Mitteln eine Art Wissens-Datenbank mit eigener Systematik auf, mit 16 Jahren gleichsam als Vorbereitung auf sein Berufsziel, Schriftsteller zu werden.

Wir gehen zurück zum Markplatz und biegen rechts in die Ludwigstraße ein. Dann wieder rechts in die Jean-Paul-Straße bis kurz vor dem Wilhelmplatz auf der rechten Seite.

13 Ehemalige Winkelschule und Wohnung von Jean Paul Jean-Paul-Straße

Ab 1790 arbeitete Jean Paul als Lehrer in Schwarzenbach. Drei Familien – Vogel, Völkel und Cloeter – hatten sich zusammengetan und ließen ihre 9 Kinder nun durch Jean Paul unterrichten. Vier Jahre lang war er hier tätig. Mit seinen »Schulgesetzen« und seinem Einsatz für die Kreativität und Selbständigkeit seiner Schüler dürfte er zu den fortschrittlicheren Pädagogen seiner Zeit gezählt haben. »Denn sobald seine Lehrstunden, die er gewissenhaft abwartete, vorbei waren, eilte er ins Freie, am liebsten in den Wald, legte sich hier unter den ersten besten Baum, starrte unverwandt Wald und Himmel an, zog dann und wann ein weißes Blatt Papier aus der Tasche, schrieb darauf einzelne Worte und eilte nicht selten gleich nach dem Schreiben fort, um zu Hause Gedanken und Bilder, die er sich dort nur angedeutet hatte, weiter auszuführen und auszumalen«, so die Tochter Cloeters.

In diesen Jahren entstanden so wichtige Werke wie *Das Leben des vergnügten Schulmeisterlein Maria Wuz* (1793), *Die unsichtbare Loge* (1793) und in weiten Teilen der *Hesperus* (1795). In einem Brief an Helene Köhler vom 31. März 1792 erhalten wir eine Vorstellung von seinen Wohn- und Arbeitsbedingungen: »100 000 000 000 Ideen fliegen mir jetzt durch den Kopf und doch passet keine her. Es ist leichter und angenehmer mit Ihnen in Krötenhof zu gehen als Ihnen in Hölzels Palais zu schreiben. Unter mir wird jetzt gespuhlet – neben mir gezwirnt – draussen gehämmert: und doch soll ich unter diesem Lärm einen Brief machen, in dem ich stat des Garns Gedanken spuhle und zwirne.« Trotzdem führte er bewusst ein einsames Leben. Er galt zwar schnell als Sonderling, aber das störte ihn nicht. Unbeirrbar ging er seinen Weg und blieb ganz dem Schreiben verhaftet. Er las unvorstellbar viel und war dementsprechend gebildet. Er blieb bis 1794 in Schwarzenbach und zog dann wieder zu seiner Mutter nach Hof. Er wohnte auch im Schulhaus, in »Hölzels Palais«.

Wir gehen über die Wilhelmstraße zur Ludwigstraße, die über die Saale führt, und dann gleich nach der Brücke scharf links auf dem Uferweg bis zur Abzweigung rechts in den Wallgarten.

14 Ehemaliges Sandens-Haus Am Wallgarten

Das repräsentative Gebäude gehörte dem Aktuar (Gerichtsschreiber) Johann Wilhelm Vogel, einem Freund der Familie Richter. Er war ein Verwandter des Pfarrers Erhard Friedrich Vogel aus Rehau mit seiner umfangreichen Bibliothek. Es ist anzunehmen, dass Jean Pauls Mutter Sophie Rosina Richter nach dem Tod ihres Mannes 1779 hier eingezogen ist. Sie musste sich allein um die Kinder kümmern. Sie arbeitete hart, damit er zur Schule gehen konnte, machte Schulden und kämpfte um einen Weg aus dem Elend.

Seine »Muluszeit« (Zeit zwischen Ende der Schulzeit und Beginn des Studiums) vom Spätherbst 1780 bis zur Abreise nach Leipzig im Mai 1781 verbrachte Jean Paul bei seiner Mutter und den Brüdern in Schwarzenbach, wahrscheinlich in diesem Haus. In ihrem akkurat geführten Haushaltsbuch schrieb sie alles auf, was ihr Sohn »ersponnen« hatte. Im Sommer 1781 kündigte Vogel Jean Pauls Mutter das »Quartier« auf, sie musste nach Hof umziehen.

Wir fahren stadtauswärts über die Münchberger Straße Richtung B 289 und an der Kreuzung nach Förbau nach rechts in den Birkenweg.

Hof, Partie an der Saale

15 Ehemaliger Gasthof »Birke« Ortsteil Birke, Birkenweg

Die »Birke« war bis in die Mitte des 20. Jahrhunderts hinein eine beliebte Ausflugsgaststätte mit einem Biergarten, der von einem Birkenwäldchen umgeben war. Der Biertrinker Jean Paul mochte diesen Ort. Hier traf er sich mit Freunden und den Vätern seiner Schüler jeden Mittwoch. Die Einladung zu diesem Treffen hat er mit »Birkenpredigt« überschrieben:

»Seelig sind die Schwarzenbacher, denn sie haben den Birken-Prater und Vauxhal, in den sie gehen können wenn sie wollen und in dem alles grün ist, das Breche gestossene Billard ausgenommen.

Seelig sind die, die zur Birken-Union treten wollen und hier deswegen subskribieren: denn sie können droben jeden Mittwoch wie die Fürsten öffentlich essen und finden da schöne Natur und Bier genug.

Seelig ist der Birken-Maitre de plaisirs oder schottische Meister der Birkenloge oder der Birken-Traiteur, kurz der Repler: denn jeder Subskribent wird ihn für jeden Mittwoch 15 kr. zahlen und davon kan er sogut zehren wie die Subskribenten.

Seelig bin ich selbst: denn ich versehe jetzt, stat meines alten Teufels Sekretariats, das Birken-Sekretariat und bin drüben auf der anderen Seite der letzte Subskribent und Birken-associeé.

Verdammt sind blos die, die keinen Spas verstehen: denn diese verstehen auch keinen Ernst. – Schwarzenbach an der Saal den 11. Juni 1791.«

Wir biegen vom Birkenweg rechts in die Münchberger Straße und dann wieder rechts auf die B 289 Richtung Rehau. Auf der Höhe von Schwarzenbach biegen wir links in die Hofer Straße ein, die direkt an der Saale entlang nach Hof führt.

Hof

An der Anschlussstelle Hof-Moschendorf halbrechts halten Richtung B 15, Anschlussstelle Hof-Krötenbruck. Nach 3 Kilometern in Hof rechts abbiegen auf die Stephanstraße. Nach 150 Metern links in die Hans-Böckler-Straße. Über den Kurt-Schuhmacher-Platz geradeaus weiter in die Marienstraße. Nach 200 Metern rechts zum Klostertor, nach 150 Metern links in die Theaterstraße. Nach weiteren 100 Metern stößt man direkt auf den Gymnasiumsplatz.

16 Jean-Paul-Gymnasium Gymnasiumsplatz 4–6

1779–1780 war Jean Paul Schüler des Gymnasiums in Hof. Sein Schulfreund Christian Otto beschrieb »seine dem Stoff und der Form nach dorfmäßige, ganz neue und doch vernachlässigte Kleidung, seinen treuherzig unbefangenen Anstand, sein gleichsam alte Bekanntschaft voraussetzendes Entgegenkommen, das fast für Zudringlichkeit galt. Den städtischen Mitschülern diente dies alles, besonders aber sein in sich gekehrter, auf die äußere Erscheinung unaufmerksamer Sinn, ja sogar sein begeisterter Blick, der ihnen schielend vorkam, zum Spott«, so der Jean-Paul-Herausgeber Eduard Berend. Jean Paul besuchte das Gymnasium vom 9. Februar 1779 bis zum 11. Ok-

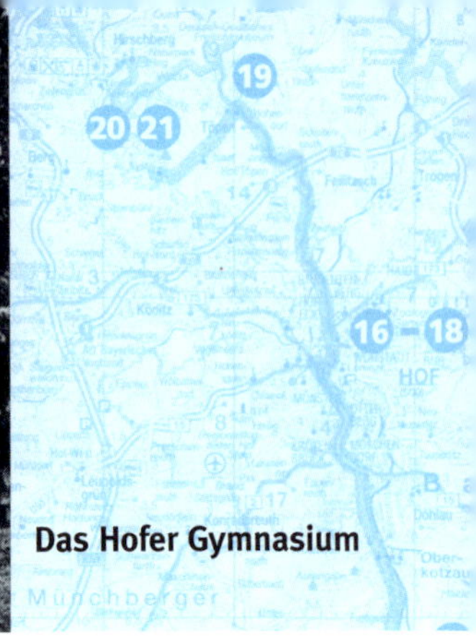

Das Hofer Gymnasium

tober 1780. Die Stadt mit ihren 4600 Einwohnern empfand Jean Paul als dumpf, kleinlich und provinziell, als »Kuhschnappel« ist sie im *Siebenkäs* (1796/97) in die Literatur eingegangen. Die Benennung des Gymnasiums nach Jean Paul erfolgte erst zum 400. Jubiläum 1946.

Wir gehen die Theaterstraße hinunter und stoßen auf den Schloßplatz. Hier stand ein Wohnhaus der Familie Richter, das inzwischen abgerissen wurde.

17 Ehemaliges Wohnhaus von Jean Paul
Schloßplatz 12 a

Nach seinem abgebrochenen Studium in Leipzig floh der völlig verschuldete Jean Paul 1784 vor seinen Gläubigern nach Hof, wo er wieder mit seiner Mutter und seinen Brüdern zusammenlebte. Er gab ein paar Nachhilfestunden und verdiente etwas Geld dazu. Aber das Elend war bedrückend, die Familie lebte in einem Zimmer am Existenzminimum. Als gescheiterter Student wurde er zudem überall verlacht und erhielt keine Anstellung oder Aufträge. »Bedenke über dies meinen Aufenthalt im abscheulichen Hof, wo das Gehirn mit der Zunge in Plumpheit weteifert ...«, schrieb er am 17. Juni 1783 an seinen Freund Adam Lorenz von Oerthel. Die Abneigung beruhte auf Gegenseitigkeit. Seine Texte wurden nicht gedruckt, trotzdem arbeitete er unbeirrt weiter. 1786 schrieb er Bettelbriefe für die Mutter an die Stadtverwaltung, die ihr dann ein Gnadengeld gewährte.

Nachdem er 1794 seine Lehrerstelle in Schwarzenbach aufgegeben hatte, kehrte er noch einmal nach Hof zurück, wo er bis 1797 blieb. Er unterrichtete in dieser Zeit vier Schüler, danach konzentrierte er sich ganz aufs Schreiben.

100 Meter weiter rechts vom Wohnhaus steht der Jean-Paul-Brunnen.

18 Jean-Paul-Brunnen
Schloßplatz

Der Brunnen wurde 1925 vom Kommerzienrat Hans Hertrich gestiftet. 1813 schrieb Jean Paul: »Wie lächerlich ich mir vorkomme, wenn ich in meinen älteren Werken Seitenhiebe auf Hof vorfinde, welche ich in der Hoffnung tat, der Stadt etwas zu versetzen! Denn bis diese Minute hat sie es vielleicht nicht gelesen.«

Über den Longoliusplatz gelangen wir zur Lessingstraße, in die wir rechts einbiegen. Diese fahren wir geradeaus, bis sie als B 2 aus der Stadt hinausführt. Wir fahren unter der Autobahn hindurch und weiter bis nach Töpen.

Töpen

Am Ortsanfang zweigt die Schleizer Straße halblinks ab. Wir folgen ihrem Verlauf bis auf Höhe der Mühlgasse.

19 Schloss
Schleizer Straße 17

Im aus dem 17. Jahrhundert stammenden Schloss Töpen wohnte der engste Jugendfreund Jean Pauls, Adam Lorenz von Oerthel, Sohn eines reichen Gutsbesitzers. 1786 starb er, angeblich in Jean Pauls Armen. Das Grab ist nicht mehr zu finden. Jean Paul verstummte für drei Monate. 1793 schrieb er in einem Brief an Renate Wirth: »Sehen Sie, so sieht man, ehe man 30 Jahre alt ist, die Lieblinge unsers Innern einsinken – so steht vor dem verarmenden Mensch ein Grab ums andere auf und der Greis sieht die Sonne blos hinter Totdenhügeln auf und untergehen.«

Der Vater seines verstorbenen Freundes, der Kammerrat von Oerthel, bot ihm daraufhin eine Hauslehrerstelle an, um Oerthels jüngeren Bruder zu unterrichten. Auch dieser sollte nicht viel später an den Blattern sterben, in der Zeit, als Jean Paul in Schwarzenbach unterrichtete. Anfang 1787 ging Jean Paul nach Töpen und blieb bis zum Herbst 1789. Der alte Oerthel war wohl ein Leuteschinder, und Jean Pauls Weltbild über die Not der kleinen Leute und die Willkür der (Klein-)Fürsten dürfte sich hier zusätzliche Nahrung geholt haben. Wahrscheinlich wurde auch er von seinem Dienstherrn sehr schlecht bezahlt, denn in einem Brief von 1789 an ihn schrieb er: »So kann ich Sie, da das Kreditorenkorps nicht soviel wie Sie allein besizt, nicht eher bezalen, bis ich die minder reichen bezalt habe.«

Wir verlassen Töpen über die Isaarer Straße, passieren die Ortschaft Isaar und erreichen Joditz.

Joditz

Kurz bevor wir auf die Hirschbergerstraße in Joditz stoßen, biegen wir rechts in den Anger ab. Anschließend links in die Von-Stein-Straße und dann zweimal rechts in die Straße Am Auensee, von der nach wenigen Metern die Jean-Paul-Gasse rechts abgeht.

20 Pfarrhaus mit Pfarrgarten
Jean-Paul-Gasse 2

1765–1776 verbrachte Jean Paul glückliche Kinderjahre in Joditz. Ausschlaggebend für die Versetzung des Vaters von Wunsiedel nach Joditz war seine gute Beziehung zur Freifrau von Plotho im Gutsdorf Zedtwitz, die ihn als Klavierlehrer ihrer Töchter schätzte. Man lebte in Joditz ärmlich, doch ohne Not, mit Vieh, Mägden, sich selbstversorgend. Fünf Ortschaften gehörten zur Pfarrei, die der Vater zu betreuen hatte. Aber man war natürlich abhängig von der Gutsherrschaft.

Der Vater erkannte früh die Begabung seines ältesten Sohnes und erzog ihn selbst. Für den kleinen, phantasiebegabten Jungen bargen das Dorf und seine Umgebung eine Welt voller Hexen und Gespenster, der überall noch herrschende Aberglauben und seine Lektüre bereiteten den Boden für die späteren Romane. Jean Paul nannte Joditz seinen »geistigen« Geburtsort, hier entstand sein »Durst nach Büchern«.

Jean Paul genoss hier die sorgloseste Zeit seines Lebens; in dieser Kindheit sammelte sich all jene Stofffülle an, die später im *Leben des Quintus Fixlein*, im *Siebenkäs* und *Im Leben des vergnügten Schulmeisterleins Maria Wutz in Auenthal* ihre Ausformung finden sollte. »Noch jetzt erzählt man sich in Joditz, daß die Bauern vor dem lebhaften Pfarrsohn öfters die Türe geschlossen hätten, um seinem allzu reichen Redestrom zu entgehen«, so Berend.

Wir kehren um, biegen rechts in die Von-Stein-Straße, überqueren die Hirschbergerstraße und biegen rechts in An der Hopfenleite ein.

21 Jean-Paul-Museum An der Hopfenleite 2

Dieses private, von Karin und Eberhard Schmidt seit 1998 geführte Museum befindet sich im ehemaligen Pfarrgarten. Über den Pfarrgarten von damals schreibt Rolf Vollmann in seiner Jean-Paul-Biographie: »Der kleine ummauerte Garten, in dem Jean Pauls Vater seine Abendpfeife zu rauchen pflegte, sieht ganz so friedvoll und kinderlieb aus, wie der Leser ihn sich jetzt vorstellen wird.« Im Gartenhäuschen, von Jean Paul »Lusthäuschen« genannt, lernte der Vater seine Sonntagspredigten, und die Kinder, im Gras liegend, ihre Grammatik-Lektionen. Wo das Gartenhaus stand, wurde 1893 ein Weberhäuschen errichtet. In seinen Räumen werden Person, Leben und Werk des Dichters dokumentiert: im unteren Trakt und in der Scheune die Kindheitsjahre, im oberen Trakt das Leben des erfolgreichen Autors mit all seinen Schrullen und seiner Liebe zum Bier. Ausgestellt sind nahezu alle Erstausgaben Jean Pauls und vieler seiner Zeitgenossen. Die Handbibliothek enthält über 500 Titel mit über 1000 Bänden.

Damit endet der Ausflug auf Jean Pauls Spuren. Wir fahren auf der Hirschbergerstraße Richtung Bug, biegen nach ca. 3 Kilometern rechts ab auf die Staatsstraße 2692 Richtung Anschlussstelle Berg/Bad Steben. Nach ca. 500 Metern fahren wir auf die A 9 Richtung Nürnberg. Nach 45 Kilometern am Autobahnkreuz Bayreuth/Kulmbach halten wir uns rechts und fahren auf die A 70 Richtung Würzburg/Schweinfurt/Bamberg/Kulmbach. Nach ca. 50 Kilometern erreichen wir mehrere Abfahrtsmöglichkeiten nach Bamberg.

Nürnberg, Hans-Sachs-Haus

V.
Spaziergänge durch Nürnberg

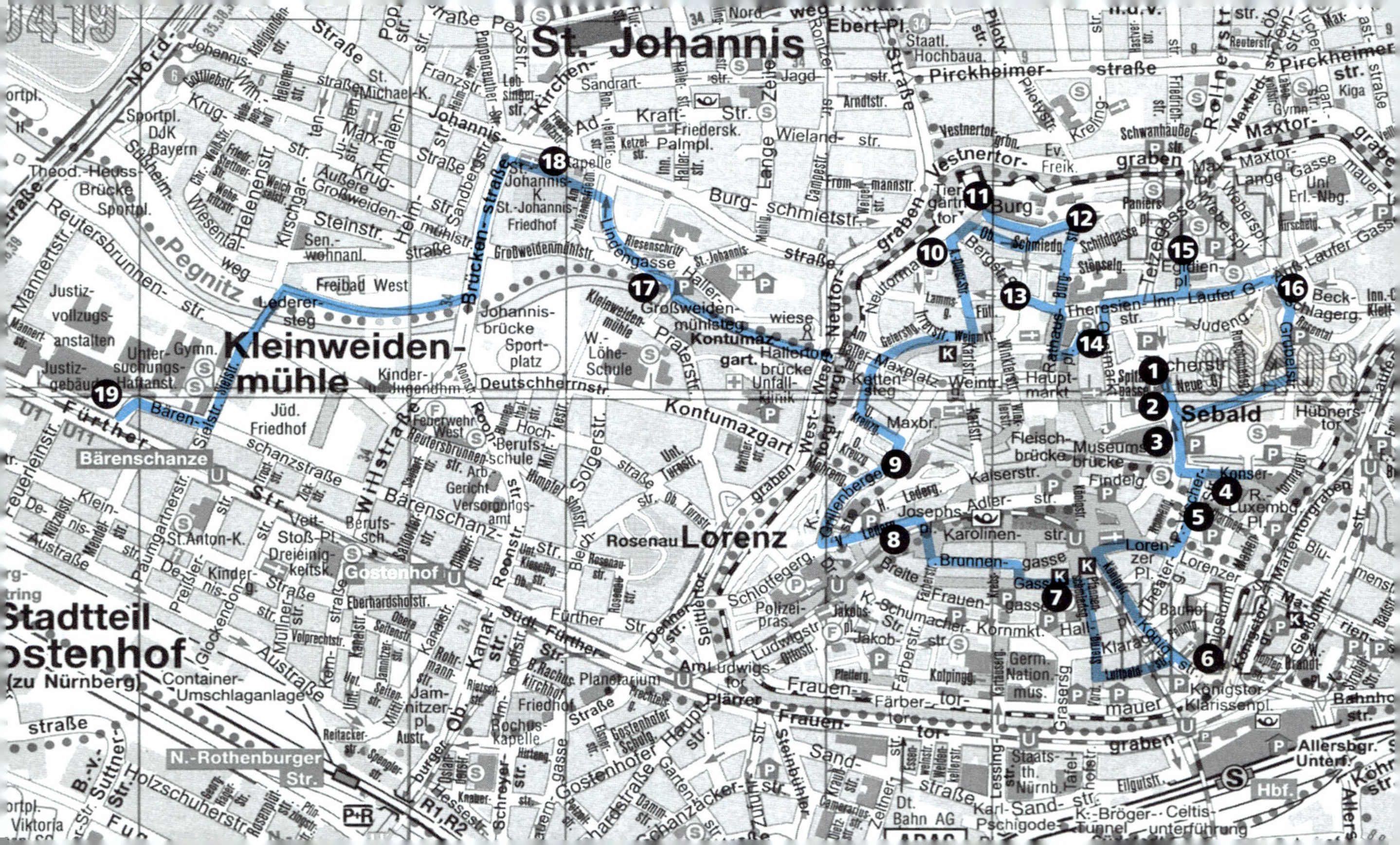
St. Johannis
Kleinweiden-
mühle
Stadtteil
Gostenhof
(zu Nürnberg)
Lorenz
Sebald
Pegnitz
Bärenschanze
Gostenhof
Hbf.
1
2
3
4
5
6
7
8
9
10
11
12
13
14
15
16
17
18
19

»Nürnberg ist zwar die Wiege aller schönen Künste, aber weniger der Dichtung gewesen, eine Tatsache, die sich leicht aus der größeren Neigung seiner Bewohner zu Handfertigkeit und Auseinandersetzung mit Wirklichkeitsfragen als zur Niederschrift lyrischer Empfindungen oder zu gedanklicher Phantasie ableiten läßt«, schrieb der Schriftsteller und Nürnberg-Kenner Eugen Kusch. Nürnberg, »des Reiches Schatzkästlein«, eine der reichsten und größten Städte nördlich der Alpen bis ins 17. Jahrhundert hinein, hatte seine in kultureller Hinsicht größte Bedeutung im ausgehenden Mittelalter und der frühen Neuzeit, und hier besonders in der bildenden Kunst mit Albrecht Dürer, Adam Kraft und Veit Stoß, in der Technik mit Peter Henlein und Martin Behaim und in der humanistischen Philosophie mit Willibald Pirckheimer und Conrad Celtis. Die Stadt fiel ab der Mitte des 17. Jahrhunderts durch wirtschaftliche Regression in zunehmende Erstarrung und verlor an ökonomischer und kultureller Bedeutung. Sie war verschuldet und auch in ihrem äußeren Erscheinungsbild heruntergekommen, so dass sich manche aufklärerisch und »modern« gesinnte Besucher wie Ernst Moritz Arndt, Georg Friedrich Rebmann oder Friedrich Nicolai eher abgestoßen fühlten. Dazu zählte auch Wolfgang Amadeus Mozart, der auf seiner Reise zur Kaiserkrönung nach Frankfurt hier Station machte und am 28. September 1790 an seine Frau schrieb: »In Nürnberg haben wir gefrühstückt. Eine häßliche Stadt.«

Andererseits fanden sich aber auch Dichter, die von der mittelalterlichen Kulisse stark angezogen wurden. Zuerst ist hier Wilhelm Heinrich Wackenroder zu nennen, der den romantischen Blick auf das Mittelalterliche der Stadt eröffnete. Ihm folgten einige Jahrzehnte danach der Spätromantiker Joseph von Eichendorff und der dänische Dichter Hans Christian Andersen (1805–1875), der die Stadt mindestens sechs Mal besuchte und von ihr sagte: »Du bist doch Bayerns Hauptstadt.«

Im 19. Jahrhundert erfuhr Nürnberg einen Wandel zur Industriemetropole Frankens und Bayerns. Die erste deutsche Eisenbahn von Nürnberg und Fürth, die im Jahre 1835 verkehrte, war ein bekanntes Beispiel für diese Entwicklung; es folgten Maschinenfabriken, Metall- und Automobilindustrie, schließlich Werke der Elektroindustrie. Die Arbeiterbewegung war hier sehr stark vertreten.

Im Gegensatz zu diesen Veränderungen pflegte das Bürgertum des 19. Jahrhunderts den Historismus: eine scheinhafte Wiederbelebung mittelalterlicher Herrlichkeit, der eine »Gotisierung« der Stadt folgte. Fassaden wurden wieder mit Erkern, den so genannten »Chörlein«, bestückt, nationale und romantische Klischees wurden gepflegt, man sah in Nürnberg die deutscheste der deutschen Städte, eine Ideologie, die ihren Beitrag dazu leistete, dass die Nationalsozialisten Nürnberg einige Jahrzehnte später zur »Stadt der Reichsparteitage« ernennen konnten. Am Ende des Zweiten Weltkriegs wurden noch große Teile der Altstadt zerstört. Im Justizpalast urteilten die Vertreter der Alliierten über die Kriegsverbrecher, wobei die Nürnberger Prozesse auch eine große Zahl von ausländischen Autoren im Auftrag ihrer Zeitungen

Hans Sachs. Gemälde von Andreas Herneisen, 1574

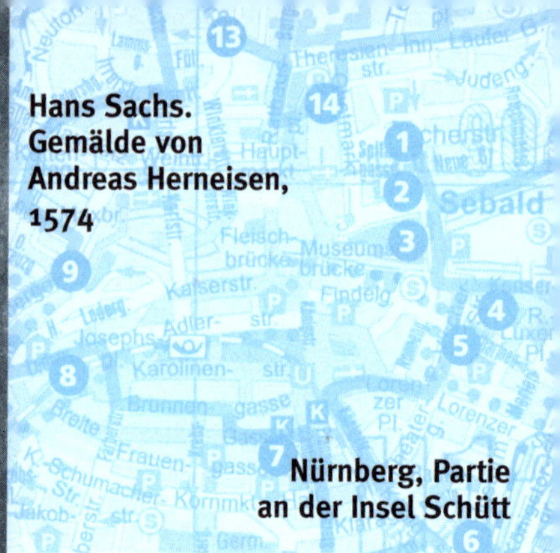

Nürnberg, Partie an der Insel Schütt

in die Stadt führten. Allmählich bildete sich mit dem Wiederaufbau auch ein neues Bewusstsein, eine »Stadt der Menschenrechte« sollte entstehen, für die die »Straße der Menschenrechte« beim Germanischen Museum und das Dokumentationszentrum auf dem Parteitagsgelände exemplarisch stehen.

Altstadt

Wir beginnen unseren Altstadtrundgang in der Hans-Sachs-Gasse im Pegnitzgrund. Hier stand das Wohnhaus von Hans Sachs, das 1945 zerstört wurde und an dessen Stelle ein moderner Wohnblock errichtet wurde. Da es sich jedoch um einen Rundweg handelt, ist auch ein Einstieg an jeder anderen Station möglich.

1 Ehemaliges Wohnhaus von Hans Sachs Heugäßchen 1/ Hans-Sachs-Gasse

Hans Sachs (1484–1576) nahm unter den Handwerkerdichtern und Meistersingern seiner Zeit eine führende Stellung ein. Der Sohn eines Schneidermeisters wurde 1484 in Nürnberg geboren, besuchte die Lateinschule des Heilig-Geist-Spitals und absolvierte eine Schuhmacherlehre. Nach der fünfjährigen obligatorischen Wanderschaft ließ er sich 1516 in seiner Heimatstadt nieder, heiratete 1519 die 17-jährige Barbara Kreutzer und widmete sich der Reformation Martin Luthers, die in Nürnberg Einzug gehalten hatte. Dabei war Hans Sachs ein ungemein produktiver Schriftsteller. Sein 635 Seiten umfassendes Werkverzeichnis führt 4275 Meistergesänge, 208 Theaterstücke, 1700 Gesprächsstücke und Fabeln auf. Themen seiner Stücke waren vor allem Probleme des Alltags, auch des Ehelebens, wodurch er eine Moral im bürgerlich-protestantischen Geiste zu befördern suchte. Er starb am 19. Januar 1576 im hohen Alter von 91 Jahren.

Nachdem Hans Sachs von seiner Verheiratung bis 1542 in der Brunnengasse gewohnt hatte, erwarb er das Haus in der heutigen Hans-Sachs-Gasse. Es war bereits 1840 nicht mehr in seinem ursprünglichen Zustand, was Hans Christian Andersen bedauerte: »Ich bin Dichter und daher fragte ich nach Sachsens Haus. Man führte mich in eine Seitengasse und zeigte mir ein Haus; es hatte alte Formen, aber es war ein neues Gebäude; Hans Sachsens Bild prangte mit seinem Namen daran, allein es war doch nicht das Haus, wo er lebte und die Schuhe nähte. Es war die Stelle, alles aber war neu.« Doch auch der idyllische Fachwerkbau, den Andersen sah und der eines der beliebtesten Postkartenmotive des alten Nürnberg war, wurde 1945 zerstört.

Wir gehen nun ein paar Schritte weiter Richtung Pegnitz, wo sich ein kleiner Platz öffnet, auf dem das Hans-Sachs-Denkmal steht.

2 Hans-Sachs-Denkmal Hans-Sachs-Platz

Das Denkmal wurde 1874 von Christoph Lenz nach einem Entwurf von Konrad Kraußer gegossen. Es zeigt den auf einem Buchstapel sitzenden Schuhmacherpoeten mit seinen Arbeitsgeräten, der Schürze des Schusters und dem Stift des Poeten, und war ursprünglich von einem Gitter und einem Rasenstück umgeben.

Vom Platz aus führt die Spitalbrücke geradeaus hinüber auf die Insel Schütt zum Heilig-Geist-Spital, in dessen Hof wir uns begeben.

3 Heilig-Geist-Spital Gedenktafel für Till Eulenspiegel Vordere Insel Schütt 2a

Das Heilig-Geist-Spital wurde 1399 von dem Nürnberger Bankier Konrad Groß gestiftet und nach den Zerstörungen im Zweiten Weltkrieg wieder aufgebaut. Es ist heute noch als Altenheim in Betrieb. Welche große Bekanntheit diese Einrichtung einst hatte, wird dadurch deutlich, dass es Schauplatz des norddeutschen Volksbuches von Till Eulenspiegel (um 1510) ist. Im Nürnberger Spital soll Eulenspiegel seinem Auftraggeber vorgegaukelt haben, er könne Kranke heilen. Zur Probe ließ er jeden der Siechen wissen, eine Heilung erfolge nur dann, wenn man ein Pülverchen verabreiche, das aus der Asche des Kränksten unter allen Patienten hergestellt würde. Dieser sei der, der nach einem Ruf des Arztes als letzter das Gebäude verlasse. Selbst die Kränksten bemühten sich, so schnell wie möglich aus dem Haus zu kommen, und machten infolgedessen den Eindruck, als seien sie genesen. Eulenspiegel erhielt seinen versprochenen Lohn und war, als die Kranken sich zurückschleppten, bereits über alle Berge. Eine Tafel, die an diese Erzählung erinnert, findet sich am Ende des Innenhofs, wo er sich zu einem Gang verschmälert, an der linken Seite der Mauer.

Das Heilig-Geist-Spital war für einige Zeit auch ein Treffpunkt der »Meistersinger«, und in der zum Heilig-Geist-Spital gehörigen Lateinschule lernte u. a. Hans Sachs Latein.

Wir verlassen den Hof des Spitals und gehen über die Heubrücke weiter. Danach wenden wir uns scharf nach links bis zur Einmündung der Peter-Vischer-Straße. Wir gehen geradeaus an der Pegnitz entlang und die folgende Treppe hoch und kommen zum Eingang der Zentralbibliothek. Wir treten ein und folgen den Wegweisern zum Zeitschriftenlesesaal.

4 Zentralbibliothek Zeitungs-Café Hermann-Kesten-Denkmal Gewerbemuseumsplatz

Die Zentralbibliothek der Stadtbibliothek besitzt in dem wiederaufgebauten Teil des Katharinenklosters einen »Zeitschriftenlesesaal Hermann Kesten«. Ein Bronzedenkmal für Hermann Kesten steht im Hof des Zeitungs-Cafés, dem ehemaligen Kreuzgang des Klosters.

Hermann Chaim Kesten wurde 1900 als Sohn jüdischer Eltern in Podwoloczyska in Ostgalizien geboren. 1904 zog die Familie nach Nürnberg. Kesten wuchs in der Nähe des Stadtparks auf, er besuchte das Königliche Alte Gymnasium (heute: Melanchthon-Gymnasium) und studierte nach dem Ersten Weltkrieg bis 1923 in Nürnberg und Erlangen. Erste literarische Arbeiten entstanden, seine Novelle *Vergebliche Flucht* konnte er 1926 in der

Wilhelm Uhlig und Hermann Kesten mit der Skulptur *Hermann Kesten als Spaziergänger* (1988) im Innenhof des Katharinenklosters

Frankfurter Allgemeinen Zeitung platzieren. Derartig ermutigt, versuchte er sich an einem Roman und landete mit *Josef sucht die Freiheit* (1928) einen Überraschungserfolg. 1933 emigrierte er nach Frankreich, 1940 in die USA. Auf einer Europareise kam er nach Kriegsende nach Nürnberg, über das er schrieb: »Ich fühlte mich in keiner Stadt der Welt so zuhause wie in Nürnberg und in keiner Stadt der Welt so fremd.« Seine letzte Lebenszeit verbrachte er in Rom und Basel, wo er 1996 starb. Kesten wurde mit zahlreichen Literaturpreisen ausgezeichnet, u. a. dem hoch angesehenen Büchnerpreis und dem Kulturpreis der Stadt Nürnberg. Diese benennt den von ihr verliehenen Menschenrechtspreis nach Hermann Kesten.

Wir kehren zurück zur Peter-Vischer-Straße und gehen sie einige Meter bergauf. In einem Schulhof auf der linken Seite befindet sich der Eingang zur Ruine des Katharinenklosters.

5 Ehemaliges Katharinenkloster
Treffpunkt der Meistersinger
Peter-Vischer-Straße 7

Das Katharinenkloster gehörte den Dominikanerinnen. Sie hatten hier eine bedeutende Bibliothek, in der die aus höher gestellten Familien kommenden Klosterfrauen arbeiten konnten. Nach der Auflösung des Klosters tagten auch die Meistersinger hier, allerdings erst in ihren letzten Jahren ab 1620.

Der Meistersang, vermutlich im 14. Jahrhundert in Mainz entstanden und von dort nach Nürnberg exportiert, war eine bürgerliche Fortsetzung des Minnesangs der Adeligen im Mittelalter und wurde vor allem von Handwerkern gepflegt. Es gab strenge Gedichtformen und eine ausgeprägte Hierarchie unter den Akteuren. Auf der untersten Stufe angesiedelt waren die »Singer«, die lediglich bereits fertige Texte zu Gehör brachten, die »Dichter« auf der nächsten Stufe konnten zu einem bestimmten Ton, einem Formgerüst, eigene Texte verfassen. Ein »Meister« wurde aber nur, wer einen neuen Ton erfand. An der Spitze der Hierarchie standen die »Merker«. Sie waren ausersehen, Verstöße gegen die Regeln anzuzeigen. Bei dieser strengen Regelung waren den künstlerischen Neuerungen Grenzen gesetzt. Neben dem Meistersang gab es noch Fastnachtsspiele und Umzüge, mit denen sich die Handwerker und ihre Zünfte nach außen hin darstellten. Berühmte Autoren der Fastnachtsspiele waren vor und neben Hans Sachs vor allem Hans Rosenplüt (um 1400–1473) und der Bader Hans Folz (um 1450–1515), von Hans Sachs ein »durchleuchtig teut-

Nürnberg, Königstraße

Karl Bröger. Ölbild von Hans Werthner, 1917

scher Poet« genannt. Heute finden in den Ruinen des Katharinenklosters im Sommer Freilichtaufführungen u. a. von Hans-Sachs-Stücken statt.

Wir folgen der Peter-Vischer-Straße bis zur Lorenzer Straße, dieser nach rechts bis zur Lorenzkirche, der mit Kunstwerken gesegneten Hauptkirche des südlich der Pegnitz liegenden Altstadtteils. Wir biegen nach links in die Königstraße Richtung Hauptbahnhof und kommen auf der linken Seite zur zurückversetzten und so leicht zu übersehenden Marthakirche.

6 Marthakirche
Treffpunkt der Meistersinger
Königstraße 75

Die Marthakirche ist seit 1800 eine evangelisch-reformierte Kirche und in der Regel nur zu Gottesdienstzeiten zugänglich. Sie enthielt zu Lebzeiten von Hans Sachs eine Bühne, auf der seine zahlreichen Schauspiele aufgeführt wurden, und diente bis zur Übersiedelung in das Katharinenkloster als Treffpunkt der Meistersinger.

Gegenüber der Marthakirche biegen wir von der Königstraße in die Luitpoldstraße, kommen am Literaturcafé (Nr. 5) vorbei und gehen bis zur Vorderen Sterngasse, wo wir uns nach rechts wenden, bis wir über die Pfannenschmiedsgasse zur Breiten Gasse gelangen, die sich ab hier zu einer Einkaufsstraße weitet. Auf deren linker Seite findet sich ein rotes Sandsteinhaus.

7 Haus der *Fränkischen Tagespost* Arbeitsstätte von Karl Bröger
Breite Gasse 25–27

Das Haus schmückt ein Fries mit drei allegorischen Figuren, über die Karl Bröger, 1913–1933 Redakteur der hier bis 1930 untergebrachten sozialdemokratischen *Fränkischen Tagespost* und Arbeiterschriftsteller, ein Gedicht *Fries der Arbeit* verfasst hat.

Karl Bröger (1886–1944) wurde im Stadtteil Wöhrd als ältestes von neun Kindern eines Schuhmachers gebo-

ren, von denen sechs im Kindesalter starben. Seine Kindheit wird thematisiert in seinem autobiographischen Roman *Der Held im Schatten* (1919). Er erhielt ein Stipendium für die höhere Schule, wurde jedoch wegen Verstoßes gegen die Disziplin von dieser verwiesen. Als ungelernter Arbeiter verdingte er sich auf Baustellen und in Fabriken, war zeitweise arbeitslos und lebte in Obdachlosenheimen. 1912 und 1913 veröffentlichte er erste Gedichtbände, u. a. mit dem bekannt gewordenen *Lied der Arbeit*. Nach dem Ersten Weltkrieg wurde Bröger Gewerkschaftsmitglied und Sozialist und vertrat immer mehr das Prinzip des »Wir« statt des Individualismus seiner frühen Werke. In seinen Gedichten, die die industrielle Arbeitswelt behandelten, übte er Kritik an ihren inhumanen Zügen. Später bekamen seine Aufsätze und Gedichte einen patriotischen Charakter, er legte ein deutliches Bekenntnis zu Deutschland ab und kritisierte den Internationalismus, wie er von Teilen der Arbeiterbewegung vertreten wurde. Bei den letzten freien Wahlen 1933 wurde Bröger als SPD-Stadtrat gewählt und bald darauf in der Stadtratsitzung von Nationalsozialisten niedergeschlagen. Von Juni bis September 1933 war er im Konzentrationslager Dachau inhaftiert. Dennoch wurden manche seiner Gedichte von den Nazis vereinnahmt, und Bröger selbst las auch im Großdeutschen Rundfunk. Im Zweiten Weltkrieg verlor er seinen Sohn, sein Häuschen im Stadtteil Ziegelstein, alle Manuskripte und seine Bibliothek. Schwer krank zog er sich in ein Gasthaus in Kalchreuth zurück und starb am 4. Mai 1944 in der Universitätsklinik in Erlangen.

Am Ende der Breiten Gasse erreichen wir den Ludwigsplatz, in dessen Mitte vor dem mittelalterlichen »Weißen Turm« ein ausladender Brunnen steht.

8 Brunnenskulptur nach Hans Sachs Ludwigsplatz

Der Bildhauer Jürgen Weber schuf 1977–1984 diesen zwei Millionen Mark teuren, bei der Bevölkerung umstrittenen Brunnen als Illustration des Gedichts *Das bitter-sues eheliche Leben* von Hans Sachs, in dem es in neuhochdeutscher Übertragung heißt: »Mein Frau ist oft mein Schimpf und Scherz / Ist oft mein Jammer, Angst und Schmerz / Sie ist mein Wunn und Augenweid / Ist oft mein Traum und Herzeleid / Sie ist mein Freiheit und mein Wahl / ist oft mein Gfängnis und Notstall / ... Sie ist ein Himmel meiner Seel / sie ist auch oft mein Pein und Hell / Sie ist mein Engel auserkoren / ist oft mein Fegeteufel worden / Sie ist mein Wünschelrut und Segen / ist oft mein Schauer und

Platzregen / Sie ist mein Mai und Rosenhag / ist oft mein Blitz und Donnerschlag ...«

Vom Ludwigsplatz nehmen wir den Durchgang beim Modekaufhaus und kommen über die Hintere Ledergasse hinweg in die Karl-Grillenberger-Straße, der wir nach rechts hinab bis zum Unschlittplatz folgen. An dem kleinen, mit Platanen besetzten Platz steht zur Linken das Haus Nr. 8, ein Fachwerkhaus.

9 Gedenktafel für Kaspar Hauser Unschlittplatz 8

Eine Gedenktafel am Haus erinnert an das erste Auftreten Kaspar Hausers in Nürnberg am 26. Mai 1828, einem Pfingstmontag. Der etwa 16-Jährige wurde an diesem Platz aufgefunden. Der verwahrloste, kaum zum Gehen fähige Junge konnte zunächst kein Wort außer »dös woiß i nit« und später »Ich möcht ein solchener werdn wie mein Vater war« sprechen und so keine Auskunft über seine Herkunft geben. Beim Verhör schrieb er schließlich auf ein Blatt Papier den Namen »Kaspar Hauser«.

Bald interessierten sich Journalisten, Wissenschaftler und auch der Rat der Stadt für den Fall. Kaspar, als »das Kind Europas« bestaunt, wurde von der Stadt zunächst in den Turm Luginsland in der Burg, dann bei verschiedenen Nürnberger Familien untergebracht, lernte schnell lesen und schreiben und konnte dem Schulunterricht folgen. Im Oktober 1929 wurde ein Mordanschlag auf ihn im Hause des Schriftstellers Daumer in der Hinteren Insel Schütt 35 verübt, den Hauser überlebte. Daraufhin brachte man ihn nach Ansbach. Dort nahm sich der berühmte Jurist Anselm von Feuerbach des Jungen an, der bei einem ihm nicht besonders wohl gesonnenen Lehrer untergebracht und in der nahen ehemaligen markgräflichen Kanzlei als Schreiber eingestellt wurde. Der Ansbacher Pfarrer Fuhrmann unterwies Kaspar Hauser in Religion und konfirmierte ihn in der Kirche St. Gumpert. Bei einem Spaziergang im Hofgarten wurde Kaspar Hauser am 14. Dezember 1833 niedergestochen und starb

Kaspar Hauser

Nürnberg, Dürer-Haus

drei Tage später infolge seiner Verwundungen. Sein Grab befindet sich auf dem Ansbacher Stadtfriedhof. Das Schicksal des »Kindes von Europa« rührte die Menschen im In- und Ausland, eine Reihe von Dichtungen, u. a. von Paul Verlaine, Georg Trakl, Jakob Wassermann und Peter Handke, befassten sich mit seinem Schicksal. Der Mord an Kaspar Hauser konnte nie vollständig aufgeklärt werden und gilt als einer der rätselhaftesten Kriminalfälle des 19. Jahrhunderts.

Wir wenden uns nach links in die Untere Kreuzgasse und gehen an der Pegnitz entlang bis zum Westtor. Dort überqueren wir den Fluss auf dem Kettensteg. Von hier aus können geübte Fußgänger mit viel Zeit die Stationen des zweiten Spaziergangs anschließen. Um den ersten Spaziergang fortzusetzen, queren wir den Biergarten sowie die dahinter liegende Straße und wenden uns in die noch mittelalterlich anmutende Weißgerbergasse, die in den Weinmarkt mündet. Dort steigen wir beim ehemaligen Gasthaus »Rotes Roß«, wo nicht nur mehrere an der Hauswand namentlich aufgeführte gekrönte Häupter, sondern 1790 auch Goethe logierte, links eine Treppe hinauf und gelangen zur Albrecht-Dürer-Straße. Deren letztes Haus auf der linken Seite ist das ehemalige Wohnhaus des berühmten Malers.

10 Wohnhaus von Albrecht Dürer
Albrecht-Dürer-Straße 39

Das aus dem Jahre 1420 stammende Haus war von 1509 bis zu seinem Tod Wohn- und Arbeitshaus Albrecht Dürers (1471–1528), des bis heute, was Qualität und Vielfalt seines Werkes angeht, bedeutendsten deutschen Malers und Holzschnitzers der Spätgotik, der außerdem auch als kunsttheoretischer Schriftsteller und Tagebuchautor hervorgetreten ist. Bis auf Reisen an den Oberrhein, nach Holland und zwei Studienreisen nach Italien verbrachte er sein Leben in seiner Geburtsstadt Nürnberg.

Das Haus ist heute als Museum zu-

gänglich, in dem man in sechs Räumen den Erzählungen der Hausherrin Agnes Dürer lauschen kann und das nunmehr eine nach originalen Vorbildern errichtete Werkstatt enthält. Die zeitgenössische Darbietung entschädigt ein wenig dafür, dass weder originale Wohnungseinrichtung noch Originalgemälde hier enthalten sind. Um letztere zu sehen, empfiehlt sich ein Besuch im Germanischen Nationalmuseum in Nürnberg (Kartäusergasse 1). Begraben ist er auf dem St. Johannisfriedhof (vgl. S. 120).

Vom Dürerhaus aus queren wir den Platz und biegen – auf gleicher Höhe bleibend – in die Obere Schmiedgasse und von da links in die Straße Am Ölberg ein. Nun sehen wir die Burg vor uns liegen.

11 Kaiserburg
Burgstraße

Der Kaisersaal der Kaiserburg, in dem, von hier aus gesehen, linken Teil der dreiteiligen Burg, empfing nicht nur alle mittelalterlichen deutschen Kaiser, sondern auch illustre Gäste aus der Literatur. So wurde hier am 18. April 1547 von Kaiser Friedrich III. der lateinisch schreibende Franke Konrad Celtis (1459–1508), eigentlich Bickel, aus Wipfeld bei Schweinfurt als erster deutscher Dichter zum »poeta laureatus« gekrönt. Celtis verfasste u. a. eine Beschreibung der Stadt Nürnberg in lateinischer Sprache und führte ein reges Wanderleben, bis er sich in Wien niederließ, wo er auch starb.

Im Kaisersaal empfing auch König Maximilian II. 1855 den dänischen Dichter Hans Christian Andersen als Ehrengast, dessen Erzählung *Unter der Weide* teilweise in Nürnberg, »einer merkwürdigen alten Stadt«, spielt.

Wir gehen unterhalb der Burg entlang weiter und sehen am Ende des Burgkomplexes den viereckigen Burgturm Luginsland.

Albrecht Dürer.
Selbstbildnis, 1498

Nürnberg,
Burg von Süden

12 Turm Luginsland
Aufenthaltsort von Kaspar Hauser
Burg 2

An der, von der Altstadt aus gesehen, rechten Seite des Burgkomplexes, dem der Reichsstadt Nürnberg gehörenden Teil, wurde 1377 der später »Luginsland« genannte Turm errichtet. Er diente aber weniger dazu, Feinde aufzuspüren, als die benachbarte Burggrafenburg in der Mitte des Komplexes zu beobachten, wo die Burggrafen von Nürnberg, die Feinde der Nürnberger Stadtbürger, saßen.

Im »Luginsland« brachte man Kaspar Hauser sogleich nach seiner Ankunft in Nürnberg im Mai 1828 beim Gefängniswärter Andreas Hiltel unter, der ihn auch in seine Familie aufnahm, bis er im Juli 1828 in die Obhut des Gymnasiallehrers und Schriftstellers Georg Friedrich Daumer gegeben wurde.

Von der Burg aus gehen wir die Burgstraße abwärts. Auf der linken Seite, Ecke Stöpselgasse, befindet sich das ehemalige Dominikanerkloster, in dessen Räumen mehrere Jahrhunderte lang die Stadtbibliothek untergebracht war, bevor sie ins Pellerhaus am Egidienplatz verlegt wurde. Sie besteht seit der Reformationszeit und ist die älteste durchgängig benutzte Stadtbibliothek Deutschlands mit Schätzen aus dem Mittelalter und der Reformationszeit, aber auch mit einer einzigartigen Sammlung zeitgenössischer fränkischer Literatur. Vor der Kirche St. Sebald biegen wir nach rechts ein und kommen zum Sebalderhof.

13 Sebalderhof
Arbeitsstätte von Melchior Pfinzing
Albrecht-Dürer-Platz 1

Im Sebalderhof, dem Pfarrhaus von St. Sebald, mit seinem vorgebauten Chörlein (es handelt sich um eine Kopie, das Original befindet sich im Germanischen Museum) wohnte Probst Melchior Pfinzing (1481–1535). Dieser verfasste und redigierte im Auftrag und nach Vorlage von Kaiser Maximilian I. den Theuerdank

(1505–1512), eine Erzählung, die die Brautfahrt des Kaisers zu Maria von Burgund behandelt.

Wir gehen zurück zur Burgstraße, überqueren diese und kommen, zwischen altem und neuem Rathaus durchgehend, zum Rathausplatz. An dessen östlichem Ende vor dem Fünferplatz findet man den eher unscheinbaren Gänsemännchenbrunnen, der eine kleine Bronzefigur mit zwei Gänsen zeigt, von einem Gitter eingerahmt.

14 Gänsemännchenbrunnen nach Jakob Wassermann Rathausplatz/Fünferplatz

Jakob Wassermanns Roman *Das Gänsemännchen* (1915) spielt in der zweiten Hälfte des 19. Jahrhunderts in Nürnberg und erzählt die Geschichte des Daniel Notthafft, eines Musikers und Komponisten, der zwischen mehreren Frauen steht. Es geht um unerwiderte und verbotene Liebe, der Roman reflektiert ein stetes Wechselbad der Gefühle, durch das der charakterlich schwache Daniel, der sich nur seiner Musik verpflichtet sieht, geht. Die Nürnberger Bürger, denen seine Eskapaden nicht verborgen geblieben sind, vergleichen ihn mit der Bronzestatue des Gänsemännchens auf dem Nürnberger Obstmarkt (dort stand der Brunnen bis 1945). Die beiden Gänse unter den Armen des Männchens sollen die Schwestern Lenore und Gertrud sein, zwischen denen sich Daniel nicht entscheiden konnte. Wassermann wird uns noch einmal in Fürth begegnen (vgl. S. 130, 132 ff.).

Wir gehen bergauf zum Fünferplatz bis zur Theresienstraße, wenden uns nach rechts und gehen weiter, bis wir den Egidienplatz erreichen.

15 Gymnasium am Egidienplatz Schule von Philipp Melanchthon und Georg Wilhelm Friedrich Hegel Egidienplatz 10

Das Gymnasium Aegidianum wurde 1526 vom Reformator und Mitstreiter Luthers Philipp Melanchthon (1497–1560), dem »Praeceptor Germaniae«, begründet. Als die höhere Schule 1575 nach Altdorf verlegt und dort zur Universität weiterentwickelt wurde, blieb die Egidienschule als so genannte »Trivialschule« bestehen, wurde jedoch 1633 wieder eine höhere Schule, wobei der Barockbau am Egidienplatz erst in den letzten Jahren des 17. Jahrhunderts errichtet wurde. 1808–1816 amtierte der Philosoph Georg Wilhelm Friedrich Hegel (1770–1831) als Direktor des Gymnasiums. Er schrieb hier die *Wissenschaft der Logik* (1812–16). Hegel heiratete eine Tochter aus der berühmen Familie Tucher, deren Stadtpalais der Schule gegenüber lag.

Vom Egidienplatz aus können wir nach dem Überqueren der Theresienstraße – etwas nach rechts versetzt – das Heugäßchen bergab bis zum Hans-Sachs-Platz gehen und dort unseren Rundgang abschließen. Eine kleine Verlängerung bedeutet es, wenn wir die Theresienstraße noch knapp

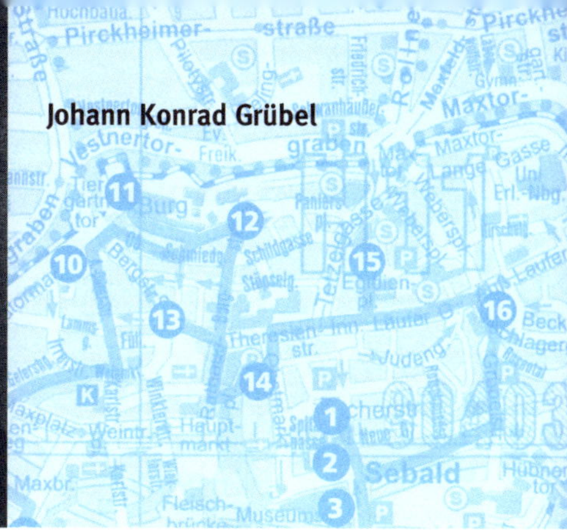

Johann Konrad Grübel

100 Meter bis zum Inneren Laufer Platz gehen, wo die Grübelstraße abzweigt. Vor dem Willstädter Gymnasium steht der Grübelbrunnen.

16 Grübelbrunnen
Innerer Laufer Platz

Der Brunnen, 1881 nach einem Entwurf von Friedrich Wanderer geschaffen, zeigt in stilistischer Nachahmung des Gänsemännchenbrunnens den volkstümlichen Dichter Konrad Grübel (1736–1809), den Begründer der Nürnberger Mundartdichtung, der auch von Goethe mit Lob bedacht wurde. Seine gereimten anekdotischen Verse avancierten zum Vorbild der fränkischen Mundartdichtung des 19. und 20. Jahrhunderts, die in immer neuer Weise die Grübelschen Verse variierte. Er wurde auf dem St. Johannisfriedhof begraben (vgl. S. 120).

Wir gehen die Grübelstraße hinunter, vorbei am Haus Nr. 8, wo Grübels Haus bis 1945 stand, und kommen zum Herrenschießhaus, wo Goethe und sein Freund Knebel einst zechten. An der Pegnitz wenden wir uns nach rechts in den Leo-Katzenberger-Weg, benannt nach dem von den Nationalsozialisten ermordeten jüdischen Kaufmann, über dessen Schicksal Christiane Kohl den verfilmten Roman »Der Jude und das Mädchen« geschrieben hat. Dieser Uferweg führt uns bis zum Hans-Sachs-Platz, wo wir unseren Rundweg beenden.

Johann Andreas Graff, *Poeten-Wäldlein*

Re. Seite (v. li. nach re.): Georg Philipp Harsdörffer. Porträt von Georg Strauch, 1651 Sigmund von Birken. Kupferstich von Jacob Sandrart Willibald Pirkheimer. Porträt von Albrecht Dürer, 1524

Außerhalb der Altstadt

Unseren zweiten Stadtrundgang beginnen wir, vom ersten Spaziergang abzweigend, am Kettensteg. Nach dessen Überquerung verlassen wir nach links durch das Hallertürlein die Altstadt, gehen entlang der Hallerwiese bis zum ersten Steg über die Pegnitz. Rechts weist die Großweidenmühlenstraße, links die Bezeichnung Kleinweidenmühle auf einstige Mühlen hin. Ein wenig flussabwärts wuchs auf einer Insel einst das Poetenwäldchen.

17 Poetenwäldchen
Erster Treffpunkt der Pegnitzschäfer
Großweidenmühlstraße

1644 wurde in Nürnberg die älteste heute noch bestehende deutsche Dichtergesellschaft, der »Pegnesische Blumenorden« ins Leben gerufen. Maßgeblich daran beteiligt war der Nürnberger Ratsherr und Barockdichter Georg Philipp Harsdörffer (1607–1658). Er entstammte einer Adelsfamilie aus dem benachbarten Fischbach und studierte nahezu alle Fächer in Altdorf und Straßburg. Es folgte eine mehrjährige Bildungsreise (»Kavalierstour«) über die Schweiz, Frankreich, England und Italien. Nach seiner Rückkehr nach Nürnberg verließ er die Stadt nur noch selten. Ab 1655 fungierte er als Mitglied des Inneren Rats der Stadt. Er, der sich auch gegen eine »Fremdwörtersucht« aussprach, verfasste rund 20 Bücher, darunter solch bekannte wie die *Frauenzimmer-Gesprechspiele* in acht Bänden (1641–49), die das gesamte bürgerliche Wissen der Zeit abhandelten, und den *Poetischen Trichter. Die Teutsche Dicht- und Reimkunst, ohne Behuf der lateinischen Sprache, in VI Stunden einzugießen* (1647–53), ein Lehrbuch der Dichtkunst in drei Bänden, dessen Name später als *Nürnberger Trichter* sprichwörtlich geworden ist.

Weitere prominente Mitglieder des Dichterordens waren Sigmund von Birken (1626–1681), der sich den Ordensnamen Floridan zulegte, aus dem Egerland und wie Harsdörffer auf dem St. Johannisfriedhof begraben (vgl. S. 120), und Johann Klaj

(1616–1656) aus Sachsen. Dieser forderte vom Autor, dass er ein »vielwissender / in den Sprachen durchtriebener und allerdings erfahrener Man sey«, eine durchaus moderne Auffassung vom »Poeta doctus«, dem gelehrten Dichter. Im Umkreis der »Pegnitzschäfer«, wie man die Mitglieder der Dichtergesellschaft auch nannte, da sie als Schäfer verkleidet sich ergingen und ihre Verse deklamierten, verkehrte auch die Adelige Katharina von Greiffenberg, die als verfolgte österreichische Protestantin nach Nürnberg gezogen war.

Treffpunkt der Pegnitzschäfer war ein Wäldchen auf einer Pegnitzinsel bei der Großweidenmühle, das die Dichter »Poetenwäldchen« nannten. Den Ort beschreibt Harsdörffer: »Da die schlanke Pegnitz fließet / in dem schönen Wiesenthal / Da sie dieses Land durchgießet / und die Blumen ohne Zahl / in den grünen Auen frischt / da der Vogel lieblich singet / Da die Wollenherde tischt / und mein Schäferspiel erklinget / Da die hohen Bäume schatten / da das Bienlein Blumen bricht / da die Fische sich begatten / und der Fischer Reusen richt…«

Nachdem der sich vom Treiben der Poeten in seiner Ruhe gestörte Besitzer des Wäldchens dieses mit einem Zaun umgeben hatte, erwarb der Dichterorden 1676 einen Platz nahe des Nürnberger Dorfes Kraftshof, den man »Irrhain« nannte und der heute noch erhalten ist und als Treffpunkt der »Pegnitzschäfer« genutzt wird. Um den Irrhain zu erreichen, fährt man die B 4 Richtung Erlangen, zweigt von dort hinter dem Flughafen in das eingemeindete Dorf Kraftshof ab und findet dort von der Wehrkirche aus auf einem kleinen Feldsträßchen auswärts zum Wald, in dem sich der Irrhain versteckt. Dabei kann man einen Blick auf das hinter den Gemüsefeldern liegende Schloss Neunhof werfen, in dem der Humanist, Übersetzer und Förderer Dürers Willibald Pirckheimer (1470–1530) zeitweise wohnte.

Wir bleiben auf der rechten Pegnitzseite, gehen die Großweidenmühlgasse weiter, biegen nach etwas mehr als 100 Metern rechts in die Lindengasse ein und gehen bergauf. Bald kommen wir an das Osttor des St. Johannis-

friedhofs. Hier liegen viele Schriftsteller und Künstler begraben, ein Verzeichnis ihrer Gräber findet sich nahe der Eingänge.

18 St. Johannisfriedhof Johannisstraße

Der Friedhof wurde 1323 außerhalb des städtischen Mauerrings angelegt und war zusammen mit dem fast gleichzeitig entstandenen Rochusfriedhof Hauptbegräbnisort der Stadt. Eine besondere Atmosphäre erhält der immer noch genutzte Friedhof durch die waagerecht gelagerten Grabplatten aus Sandstein mit vielerlei Inschriften, Wappen, Insignien und Handwerksemblemen. Der Schriftsteller Wolfgang Koeppen (1906–1996) sah es als einen Vorzug des Friedhofs an, dass er nicht in eine Naturlandschaft eingebettet ist: »Ein jedes Nürnberger Geschlecht liegt in seiner Nürnberger Burg. Sehr städtisch. Die Toten lauern in einer richtigen Stadt auf ihre Auferstehung. Morgen schon möchten sie ihren Geschäften nachgehen. Der Johannisfriedhof hat keine Landschaft.«

Begraben liegen hier zum Beispiel im Grab Nr. 1414 Willibald Pirckheimer (1470–1530), der bedeutende Nürnberger Ratsherr, Humanist, Kunst- und Literaturmäzen, einer der gebildetsten Männer seiner Zeit. Nahe des Hauptdurchgangs, Richtung Friedhofskirche, sehen wir unter der Nr. 649 das Grab Albrecht Dürers mit der Aufschrift: »Was von Albrecht Dürer sterblich ist, birgt dieser Hügel«, das 1681 von dem ebenfalls hier bestatteten berühmten Bildhauer Joachim von Sandart (1606–1688) restauriert wurde. Von Dürers berühmten Zeitgenossen finden wir die Gräber des in Nürnberg verstorbenen Bildhauers und Bildschnitzers Veit Stoß (1447–1533) (Nr. 715), der den Krakauer Marienaltar, den Englischen Gruß der Nürnberger Lorenzkirche und das Kruzifix in der dortigen Sebalduskirche schuf, wegen des Verdachts finanzieller Unregelmäßigkeiten in seinen letzten Lebensjahrzehnten gefoltert wurde und die Stadt nicht mehr verlassen durfte, und des berühmten Goldschmieds Wenzel Jamnitzer (1507–1585). In der Nähe der Friedhofskirche befinden sich die Gräber der beiden bedeutends-

Nürnberg,
Partie an der Pegnitz

Ludwig Feuerbach

ten Barockdichter Nürnbergs: D 60 ist das Grab von Georg Philipp Harsdörffer, unter D 54 b liegt sein Freund und Mitstreiter im Pegnesischen Blumenorden Sigmund von Birken. Beide Gräber sind nicht ganz leicht zu identifizieren, man muss in den Reihen der lateinischen Majuskeln auf den Bronzetafeln mühselig die Namen der Dichter ausmachen. Das Grab des Philosophen Ludwig Feuerbach (1804–1872), Sohn des Juristen und Kaspar-Hauser-Vormunds Anselm von Feuerbach, der maßgeblichen Einfluss auf die Religionskritik des späten 19. und des 20. Jahrhunderts gewann, trägt die Nummer K 75. Das Grab des romantisch-neuklassischen Malers Anselm Feuerbach (1829–1880), Enkel von Anselm von Feuerbach, trägt die Nr. 715, das des Mundartdichters Konrad Grübel die Nr. 200.

Wir verlassen den Friedhof beim westlichen Ausgang und gehen die Brückenstraße bis zur Wiesentalstraße hinab. Dieser folgen wir nach rechts bis zum Westbad. Danach wenden wir uns nach links, überqueren die Pegnitz und gehen den kleinen Weg zum Hochufer. Geradeaus kommen wir an einer größeren Schule vorbei zur Bärenschanzstraße und gleich rechts zur Justizvollzugsanstalt und dem Justizpalast. Im Nebengebäude, das wir zuerst erreichen, befindet sich der Schwurgerichtssaal 600.

19 Justizpalast
Ort der »Nürnberger Prozesse«
Bärenschanzstraße 72

Dass ein Justizgebäude in einem literarischen Führer genannt wird, ist der Bedeutung zuzuschreiben, die den so genannten »Nürnberger Prozessen«, die an diesem Ort vom 20. November 1945 bis zum 1. Oktober 1946 stattfanden, zukommt. Hier wurde gegen die Hauptkriegsverbrecher des Dritten Reichs verhandelt. Aus vielen Ländern waren Journalisten anwesend, unter denen sich auch eine Reihe bedeutender Schriftsteller befanden: der US-Amerikaner John Dos Passos, Rebecca West, der Thomas-Mann-Herausgeber Peter de Mendelssohn, die Russen Ilja Ehrenburg und Konstantin Fedin, um nur einige zu nennen. Unter den deutschen Journalisten waren die Schriftsteller Erich Kästner, W. E. Süskind, Gregor von Rezzori und als Simultandolmetscher Wolfgang Hildesheimer anwesend.

Der Rückweg in die Altstadt kann mit der U-Bahn, Haltestelle Bärenschanze, angetreten werden.

Fürth, Schwabacherstraße

VI.
Ausflüge in die Umgebung von Nürnberg

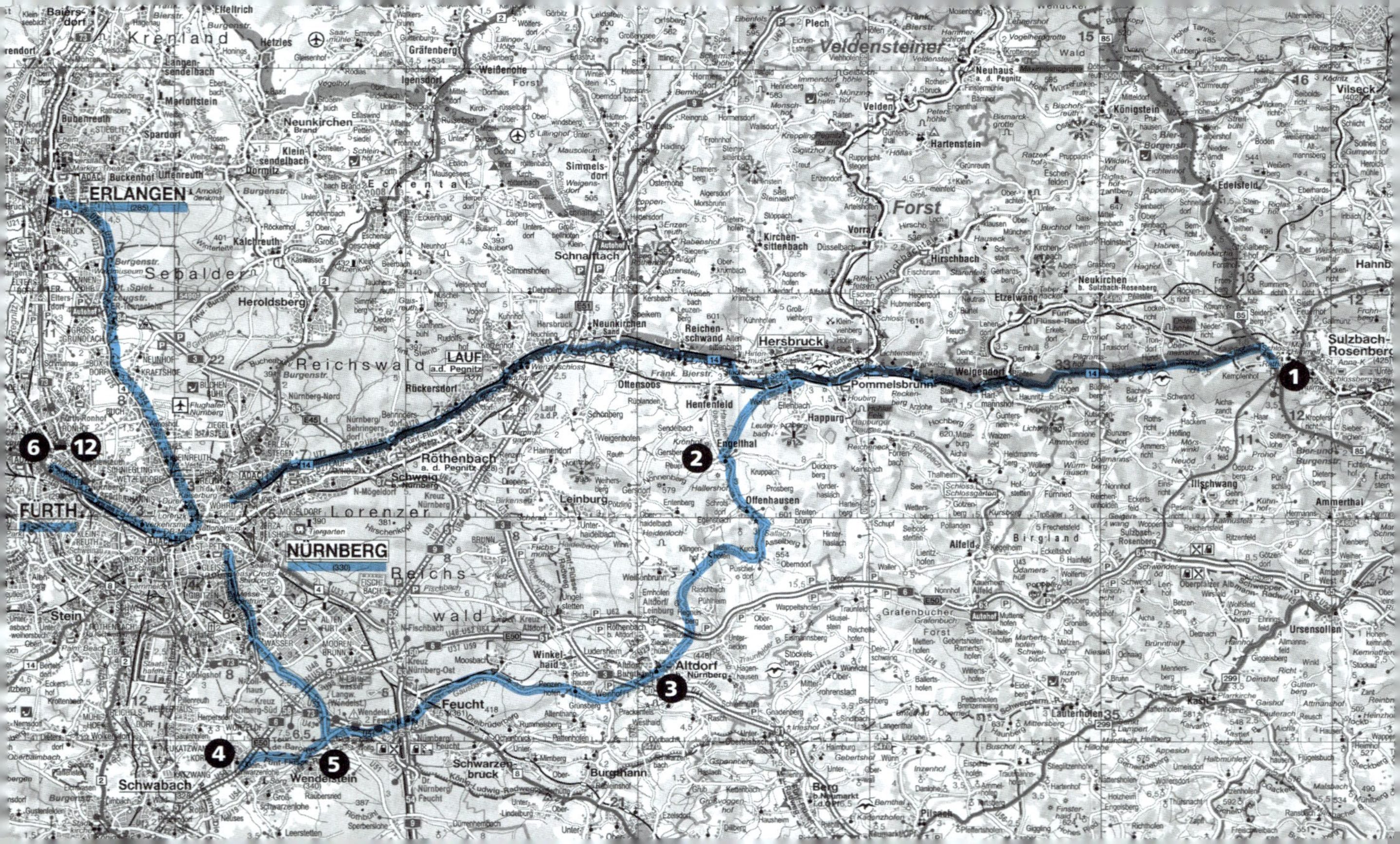

ERLANGEN
FÜRTH
NÜRNBERG
Stein
Schwabach
Wendelstein
Feucht
Altdorf
Röthenbach
LAUF a.d. Pegnitz
Hersbruck
Pommelsbrunn
Weigendorf
Sulzbach-Rosenberg
Engelthal
Offenhausen
Henfenfeld
Happurg
Schnaittach
Heroldsberg
Reichswald
Lorenzer
Sebalder
Forst
Veldensteiner
1
2
3
4
5
6
12

1. Sulzbach-Rosenberg Engelthal · Altdorf Kleinschwarzenlohe Wendelstein

Auf einer Auto-Rundfahrt kann man östlich und südlich von Nürnberg verstreut liegende literarische Stätten erreichen. Über die Autobahn Richtung Prag bzw. die B 14 erreichen wir das bereits in der Oberpfalz gelegene Bergstädtchen Sulzbach-Rosenberg.

Sulzbach-Rosenberg

Gleich am Stadtrand fahren wir bergauf in den Ortsteil Sulzbach, an dessen Hauptstraße im Gebäude des ehemaligen Amtsgerichts das Literaturarchiv untergebracht ist.

1 Literaturarchiv Sulzbach-Rosenberg Rosenberger Str. 9

Das Literaturarchiv Sulzbach-Rosenberg wurde 1977 auf Anregung des in der Stadt geborenen Lyrikers und Literaturtheoretikers Walter Höllerer (1922–2003) gegründet. Dort werden wichtige Dokumente der deutschen Literaturgeschichte nach dem Zweiten Weltkrieg gesammelt und ausgestellt, vor allem der Briefwechsel, den Höllerer als Herausgeber der Literaturzeitschrift *Akzente* mit seinen Autoren führte, dazu Erstausgaben und Handschriften wie die typographische Erstfassung des Romans *Die Blechtrommel* von Nobelpreisträger Günter Grass.

Wir fahren auf der B 14 Richtung Nürnberg und biegen kurz hinter Hersbruck links nach Engelthal ab.

Engelthal

2 Ehemaliges Klosterdorf

Dem Frauenkloster, in dem hauptsächlich Töchter aus höheren Ständen untergebracht waren, stand in der ersten Hälfte des 14. Jahrhunderts die Äbtissin Christina Ebner (1277–1356) vor, die aus einer der führenden Nürnberger Patrizierfamilien stammte und ihre Visionen und die Doku-

mente ihrer »Gottesminne« sowie religiöse Erfahrungen ihrer Mitschwestern aufgezeichnet hat. Sie gilt als eine der Hauptvertreterinnen der Mystik in Deutschland. Das Klosterdorf war von einer Mauer umgeben, von der heute nur noch einige Reste und zwei Tore erhalten sind.

In Engelthal wenden wir uns nach rechts und fahren über Peuerling dem Wegweiser nach in das Städtchen Altdorf.

Altdorf

In der Ortsmitte, etwas versetzt zur Hauptstraße, liegt das gut ausgeschilderte Gebäude der ehemaligen Nürnberger Universität Altdorf.

3 Alte Universität (Hohe Schule) Schloßplatz

In Altdorf befand sich die reichsstädtische Nürnberger Universität. Hier studierte der berühmte Feldherr des Dreißigjährigen Kriegs Albrecht von Wallenstein (1583–1634), dessen Taten und Ermordung Friedrich von Schiller in seiner *Wallenstein*-Trilogie dargestellt hat. Wallenstein kam 1599 nach Altdorf und wurde in allerlei Raufhändel verwickelt. In einem Briefwechsel des Nürnberger Rats mit dem Rektor heißt es, »dass er in der kurtzen Zeit her, so er zu Altorff gewesen und studirn sollen, sich in mancherley weiß allerley unruhe und muetwillens unterstanden habe«. Mitte März 1600 taucht sein Name zum letzten Mal in den Annalen der Universität auf. In Altdorf wird alljährlich im Hof der Alten Universität das »Volksschauspiel« *Wallenstein in Altdorf* von Franz Dittmar aufgeführt.

An der jungen Universität promovierte auch der Philosoph Gottfried Wilhelm Leibniz (1646–1716), weil er von seiner Universität Leipzig mit 20 als zu jung abgelehnt worden war. Es studierten hier die Pegnitzschäfer

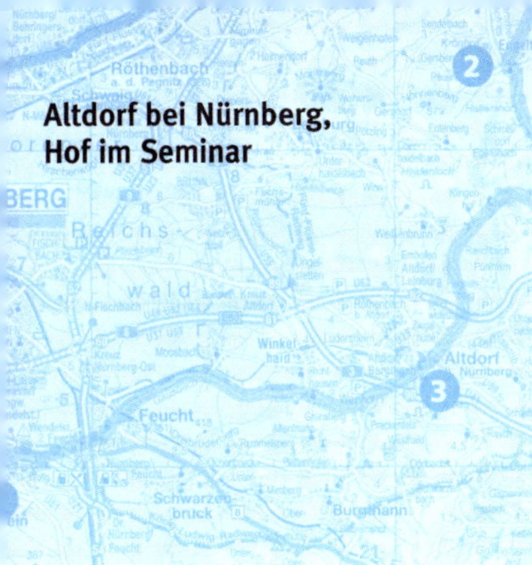

Altdorf bei Nürnberg, Hof im Seminar

Harsdörffer und von Birken, die Altdorf gräzisierend »Musen Sitz Pälakome« nannten und eine Art Zweigstelle ihres Ordens unterhielten. Auch August Graf von Platen (vgl. S. 138 f., 143, 146, 148) lebte einige Wochen hier.

Nach Auflösung der Universität befand sich in dem Gebäude der »Hohen Schule« das Seminar zur Ausbildung protestantischer Lehrer in Bayern, heute ist hier eine Einrichtung für behinderte Menschen untergebracht.

Wir fahren Richtung Autobahn Nürnberg, bleiben jedoch auf der Landstraße Richtung Feucht. Auf der Straße Richtung Schwabach passieren wir zunächst den Markt Wendelstein und kommen in das eingemeindete Dorf Kleinschwarzenlohe.

Kleinschwarzenlohe

Gleich am Ortsbeginn findet sich rechts das kleine Geburtshaus von Adam Scharrer mit einer Gedenktafel.

4 Geburtshaus von Adam Scharrer Hauptstraße 41

In diesem Haus wurde Adam Scharrer (1889–1948) als ältestes von 15 Kindern geboren. Aufgrund eigener Anschauung schildert er in seinen Romanen wie *Maulwürfe* (1933), *Der Hirt von Rauhweiler* (1933/1942) und in den *Dorfgeschichten* (1948) die Not der Landarbeiter in der Weimarer Republik, wobei die Schauplätze zumeist im Nürnberger Landgebiet, vor allem in seinem Kindheitsort Speikern bei Hersbruck, lokalisiert werden können. Scharrer, der in Lauf an der Pegnitz eine Mechanikerlehrer absolvierte und später an zahlreichen Orten in Nord- und Mitteldeutschland arbeitete, 1934 nach Moskau emigrierte und 1948 in Schwerin starb, gilt als einer der führenden proletarisch-revolutionären Schriftsteller seiner Zeit.

Im Nachbarort Schwanstetten-Leerstetten lebte die Erzählerin Elisabeth Engelhardt, die sozialkritische und Frauenthemen auf realistische Weise behandelte, z. B. in »Ein deutsches Dorf in Bayern« (1974). Wir fahren zurück in den Markt Wendelstein und parken gleich außerhalb.

Wendelstein

Über die Schwarzach gelangen wir in die Hauptstaße und biegen links in die Marktstraße ein, wo sich die Gemeindebücherei befindet.

Fürth, Schwabacherstraße

5 Gemeindebücherei Adam-Scharrer-Zimmer Marktstraße 1

In der Gemeindebücherei von Wendelstein hat man liebevoll ein Scharrer-Zimmer mit vielen Dokumenten zum Leben des Schriftstellers sowie mit den Erstausgaben seiner Werke eingerichtet, das nach Anmeldung besichtigt werden kann.

Von Wendelstein können wir über die Autobahn nach Nürnberg zurückfahren.

2. Fürth

Als »fränkisches Jerusalem« wurde Fürth, in unmittelbarer Nachbarschaft zu Nürnberg liegend, seit der Mitte des 15. Jahrhunderts bezeichnet. Die über 1000 Jahre alte Stadt, die von Kaiser Heinrich II. dem Domkapitel Bamberg zugeschlagen worden war, stand aber auch unter dem Einfluss der Markgrafen von Brandenburg-Ansbach und der freien Reichsstadt Nürnberg. Dies führte zu permanenten Streitigkeiten, auch zu einer gewissen Rechtsunsicherheit, die, je nach Auslegung, von den Bürgern offenbar redlich in ihrem Sinne genutzt wurde. Das vielfach beschriebene liberale und tolerante Klima der Kleeblattstadt ermöglichte die friedliche Koexistenz von Juden und Christen. Ab 1440 siedelten sich Juden, die aus Nürnberg vertrieben worden waren, gegen die Zahlung von Schutzgeldern in Fürth an, so dass sich hier die größte jüdische Gemeinde Süddeutschlands entwickelte, legten 1607 einen 2000 Quadratmeter großen Friedhof im Stadtzentrum an, beriefen Rabbiner, bauten mehrere Synagogen und 1653

das erste jüdische Krankenhaus Deutschlands und gründeten eine Talmudhochschule, die bald auch überregional einen hervorragenden Ruf genießen sollte und bis 1824 existierte. 1617 hatte man bereits die Fürther Hauptsynagoge eingeweiht. Das *Reglement für die gemeine Judenschaft in Fürth* (1719) ermöglichte den Juden unbehinderte Religionsfreiheit und ein hohes Maß an Selbstbestimmung für damalige Verhältnisse.

Ende des 18. Jahrhunderts wurde Fürth für kurze Zeit preußisch, ging dann aber 1806 an Bayern über. Mit der Inbetriebnahme der ersten deutschen Eisenbahnstrecke zwischen Nürnberg und Fürth begann auch hier das Zeitalter der Industrialisierung. Fürth prosperierte wirtschaftlich, nicht zuletzt durch den Anschluss an den Ludwig-Donau-Main-Kanal, und blieb von Nürnberg unabhängig. Mit dem Zuzug reicher österreichischer Juden und wachsender Wirtschaftskraft erhöhte sich das Ansehen der jüdischen Gemeinde, die auch in sozialer Hinsicht vorbildlich organisiert war, immens. 1880 lebten, auf dem Höhepunkt der Entwicklung, etwa 3300 Juden in Fürth.

Mit der Reichspogromnacht im November 1938 änderte sich alles. Die Zerstörung der Synagogen, die Schändung des Friedhofs, die Arisierung der vielen jüdischen Geschäfte und Betriebe und die Ermordung vieler Juden durch die Nationalsozialisten beendete diese historische Epoche. Nach 1945 lebten von den 2000 Juden, die es 1933 in Fürth noch gab, nur noch 20.

Doch über die Jahre wurde die jüdische Gemeinde wieder aufgebaut, 1949 der jüdische Friedhof wieder hergerichtet und 1999 das Jüdische Museum Franken eröffnet. Trotz des Krieges und der Schreckensherrschaft der Nationalsozialisten haben zahlreiche jüdische Bauwerke wie Schulen, Waisenhaus, Krankenhaus und Wohnhäuser sowie rituelle Einrichtungen überdauert.

Der Spaziergang führt durch das in der zweiten Hälfte des 19. Jahrhunderts hinter dem Fürther Rathaus erbaute Viertel, das für die rasant wachsende Bevölkerung der Stadt ebenso schnell hochgezogen werden musste. Es ist übersichtlich, fast geometrisch, angelegt, mit breiten Straßen und Sandsteinhäusern im klassizistischen Stil. In den Erdgeschossen befanden sich Ladengeschäfte aller Art und Gasthäuser, im ersten und zweiten Stock wohnten die bürgerlichen Familien und ganz oben unterm Dach die ärmeren Leute. In den Höfen hatten sich Handwerksbetriebe und kleine Fabriken eingerichtet.

6 Ehemaliges Geburtshaus von Jakob Wassermann Alexanderstraße 13 (Früher Alexanderstraße 8)

Am 10. März 1873 wurde Jakob Wassermann als ältester Sohn von Adolf Wassermann (1844–1901) aus dem Nachbarort Zirndorf und seiner Frau Henriette (1850–1882), die aus dem mainfränkischen Sommerhausen stammte, in diesem im Zweiten Weltkrieg zerstörten Haus geboren; das auf der gegenüberliegenden Seite liegende Haus mit der Nummer 12 ähnelt ihm in seiner Fassade. Seine Vorfahren waren Handwerker und Kaufleute aus Fürth, Schwabach, Bamberg und Zirndorf. Hier begann eine weitgehend freudlose Kindheit und Jugend für den angehenden Schriftsteller, »einen Fabulierer von Geblüt und Instinkt, keiner unter uns ist wie er«, wie der ihm ein Leben lang verbundene Thomas Mann schrieb.

Jakob Wassermann blieb seiner Heimatstadt auf eigentümliche Weise stets verbunden, auch wenn er über sie wenig Freundliches geschrieben und gesagt hat. Fürth schien ihm hässlich, düster, eine Stadt von trostloser Nüchternheit, die etwas »eigenartig Formloses, Karges und Dürres« ausstrahlte. Auch in seinem großen Essay *Mein Weg als Deutscher und Jude* (1921) urteilte er hart: »Erstickend in ihrer Engigkeit und Öde die gartenlose Stadt, Stadt des Rußes, der tausend Schlöte, des Maschinen- und Hämmergestampfes, der Bierwirtschaften, der verbissenen Betriebs- und Erwerbsgier, des Dichtbeieinander kleiner und kleinlicher Leute, der Luft der Armut und Lieblosigkeit im väterlichen Haus.«

Auch wenn Fürth als aufkeimende Industriestadt über wenig Charme verfügt haben mag, ganz so schrecklich, wie Wassermann es beschrieb, war es sicher nicht.

Wir gehen die Alexanderstraße Richtung Kohlenmarkt und biegen dann auf Höhe der Brandenburger Straße in die Ludwig-Erhard-Straße ein, die in die Mohrenstraße übergeht.

7 Geburtshaus von Leopold Ullstein Mohrenstraße 2

1826 wurde hier, unweit der ehemaligen Synagoge, der spätere Großverleger Leopold Ullstein als jüngster Sohn des Papiergroßhändlers Hajum Hirsch Uhlmann geboren. Mit seinen beiden Brüdern besuchte er die jüdische Schule und ging mit 14 Jahren zur Lehre in die Papiergroßhandlung seines Vaters, der mittlerweile den Namen seiner Frau, Ullstein, angenommen hatte. 1847 übernahmen die drei Brüder das väterliche Geschäft. Fürth lag damals etwas abseits der Wirtschaftszentren, deshalb verlagerte man die Firma nach Leipzig. Leo-

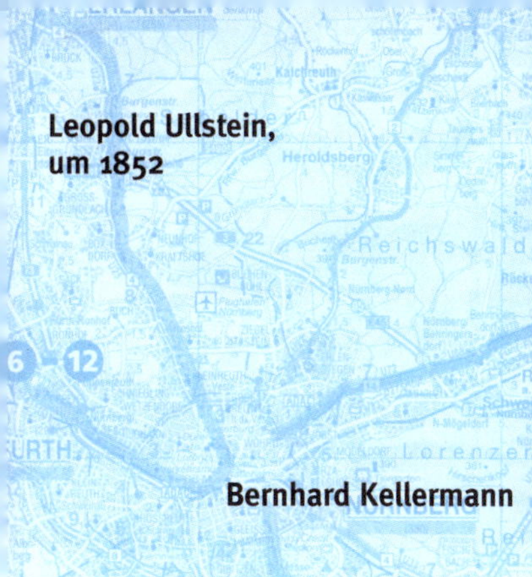

Leopold Ullstein, um 1852

Bernhard Kellermann

pold schied dann aus, ging nach Berlin und gründete 1848 seine eigene Papiergroßhandlung. Zunehmend engagierte er sich – als Bismarck-Gegner – in der Politik und wurde 1871 in die Berliner Stadtverordnetenversammlung gewählt. Aus erster Ehe mit Mathilde Berend, die verstarb, stammten sieben Kinder, eine zweite Ehe ging er mit Elise Pintus ein. Gemeinsam mit Joseph Neißer gründete er auf Drängen seiner Freunde und Geschäftspartner »Ullstein & Co« und wurde so Zeitungsverleger. Mit dem Kauf des Neuen Berliner Tagblatts begründete er ein mächtiges Verlagsimperium. Sten Nadolny hat ihm, der 1899 starb, mit seinem *Ullsteinroman* (2003) ein literarisches Denkmal gesetzt.

Von der Mohrenstraße biegen wir links in die Theaterstraße und dann links in die dritte Querstraße, die Rosenstraße. Auf der rechten Seite geht die Hallemannstraße ab.

8 Geburtshaus von Bernhard Kellermann Hallemannstraße 6

Hier wurde am 4. März 1879 der Schriftsteller Bernhard Kellermann geboren. »Ich habe meine Vaterstadt Fürth bereits im Alter von acht Jahren verlassen und habe sie im Laufe meines Lebens nur dann und wann wieder flüchtig betreten. Sie lebt in meiner Erinnerung als eine Stadt voll Staub und Rauch, eine Stadt der Arbeit und des Gewerbefleißes.« Kellermanns Vater arbeitete als Magistrats-Sekretär im städtischen Verwaltungsdienst und starb bereits 1888. Daraufhin kehrte die Mutter Margareta Kellermann, geborene Pfeiffer, in ihre Heimatstadt Ansbach zurück. Fünf Kinder musste die allein erziehende Mutter durchbringen. Bernhard besuchte vier Jahre lang die Volksschule in Fürth und trotz großer Entbehrungen die Realschule und erwies sich als guter Schüler. 1894 ging er von Ansbach nach Nürnberg, besuchte die Kunstgewerbeschule und schloss sie mit der Lehramtsprüfung für das Fach Kunsterziehung ab. Kellermann arbeitete ein Jahr lang als Lehrer an einer Privatschule in Miltenberg, anschließend war er kurz am Schweinfurter Gymnasium angestellt. Dann riskierte er die freie Autorenexistenz und geriet in Not.

Die Wende kam, als 1906 der S. Fischer Verlag ihm eine monatliche Apanage garantierte, obwohl er bisher nur zwei Romane, nämlich 1904 *Yester und Li* und 1906 *Ingeborg*, veröffentlicht hatte. Doch Kellermann rechtfertigte das in ihn gesetzte Vertrauen und schrieb im folgenden die Romane *Das Tor* (1909), *Das Meer* (1910) und seinen größten Erfolg *Der Tunnel* (1913). Dieser utopische und sozialkritische Roman über die Gefahren des Industriezeitalters avancierte zum Weltbestseller und wurde in 25 Sprachen übersetzt. Kellermann konnte sich fortan seiner Leidenschaft, dem Reisen, widmen und besuchte u. a. Russland, England, Frankreich, Japan und die USA. Der Weltenbummler lebte ab 1909 in Berlin-Schöneberg, 1914–1918 in Dänemark und ab 1933 in Spanien. Seine Bücher wurden verbrannt, weil er gemeinsam mit Thomas Mann eine Proklamation gegen den Antisemitismus unterzeichnet hatte. Den Zweiten Weltkrieg überlebte er in Werder an der Havel, wo er sich 1921 ein Grundstück gekauft hatte. Nach dem Krieg lebte er zuerst in Potsdam, ab 1950 bis zu seinem Tod in Kleinglienicke bei Potsdam, geehrt von der DDR-Kulturbürokratie, ein Pazifist und Bohemien, verarmt und krank, den sein Biograph Häupler als Menschen charakterisierte, »der die geliebte Einsamkeit in Indien, an den Meeresgestaden Europas und in den Wolkenkratzerschluchten New Yorks suchte und fand, wie schon einst als Knabe, da es ihn oft ruhelos durch seine Heimatstadt Fürth hinaus in den Wald des fränkischen Heimatlandes getrieben hatte.«

Wir gehen die Hallemannstraße entlang zur Blumenstraße und biegen rechts ab.

9 Wohnung von Jakob Wassermann Blumenstraße 28 (Früher Blumenstraße 8)

Im Mai 1873 zog die Familie Wassermann mit dem zwei Monate alten Jakob in die Blumenstraße 8 (heute Nr. 28) in eine Wohnung im ersten Stock. Wassermann hat in seinem autobiographischen Roman *Engelhart oder Die zwei Welten* (postum 1973) die schlimmen Erinnerungen skizziert, die er an diese Zeit hatte: »Die Familie Ratgeber wohnte im ersten Stock eines Hauses, in dessen Erdgeschoß sich eine Wirtschaft befand. Jede Nacht drang großes Lärmen heraus, in jeder Sonntagnacht kam es zu einer Schlägerei, und ein Gestochener brüllte alle schlafenden Bewohner wach. Schlimmer aber war für Engel-

hart das allwöchentliche Schweineschlachten. Das Todesgeschrei schnitt ihm furchtbar durch die Brust, seine Phantasie war damit belastet, sein Denken wurde verdunkelt, und wenn das Tier unter dem letzten Messerstich ersterbend wimmerte, schlich Engelhart totenbleich in die Kleiderkammer, riß eine Schranktür auf und steckte den Kopf zwischen die hängenden Gewänder, um nichts zu hören. Es war ein Glück, daß seine Eltern, kurz nachdem er fünf Jahre alt geworden war, in die nah gelegene Theatergasse verzogen.«

Es war eine von materieller Not geprägte Zeit, in der 1874 sein Bruder Albert geboren wurde und kurz darauf starb, 1875 seine Schwester Jenny und 1877 sein Bruder Hugo.

Wir wenden uns links in die Theaterstraße.

10 Wohnung von Jakob Wassermann Theaterstraße 17 (Früher Theaterstraße 12)

1878 zog man bereits wieder um, in den ersten Stock des Hauses in der Theaterstraße 12. In seinem Novellenband *Schläfst du Mutter?* (1897) beschreibt er es: »Das Haus da war nicht alt, sonst hätte gewiß nicht jene heimliche Poesie der alten fränkischen Häuser gefehlt, – nein, es war so neu und kahl wie die Fabrikschlöte, die gegen den Anger hinaus lagen. Und viel Werktätigkeit und Hastigkeit war in allen Straßen der Nähe und spielende, schlecht gekleidete Kinder schrien und lärmten in allen Höfen.« Wassermanns Bruder Alfred wurde hier 1882 geboren, und im selben Jahr starb die geliebte Mutter im Alter von nur 31 Jahren. Ihr Grab befindet sich auf dem Jüdischen Friedhof an der Schlehenstraße. Wassermann hat ihren Tod zeitlebens als großen Verlust empfunden; das ohnehin schon belastete Vater-Sohn-Verhältnis, bedingt durch die »Werktätigkeit« des Vaters und seine mangelnde Fürsorge für die Kinder, verschlechterte sich weiter. Der Vater war mit der Versorgung der Kinder überfordert, der jüngste Bruder Alfred starb im Februar 1883. Bereits im März heiratete der Vater Flora Wannbacher aus Hagenbach und zeugte mit ihr noch drei weitere Kinder: Theodor (1885), Armin (1887) und Henri (1891), als man bereits nach Würzburg umgezogen war. Jakobs Stiefmutter muss äußerst hartherzig, geizig und böse gewesen sein: »Die zweite Frau meines Vaters war uns Kindern aus erster Ehe nicht wohlgesinnt und ließ uns ihre Abneigung auf jede Weise spüren.«

Ein reicher Onkel aus Wien hatte Geld für die Kinder hinterlegt, von dem Jakob wöchentlich eine Mark abholen durfte. Er kaufte davon nicht nur Lebensmittel, sondern auch Bücher, las seinen Geschwistern vor und träumte sich in seine Welt: »Schon mit zehn Jahren hatte ich begonnen, weitläufige Wanderungen durch die Landschaft zu unternehmen und nie hatte mich dabei ein Gefühl unentrinnbarer Traurigkeit verlassen.«

Von hier aus gehen wir weiter in südlicher Richtung und biegen dann links in die Mathildenstraße ein.

11 Wohnung von Jakob Wassermann Mathildenstraße 17

Im November 1887 zog die Familie Wassermann in den zweiten Stock der Mathildenstraße Nr. 17. In *Schläfst du Mutter?* heißt es: »Und die zwei Kinder trotteten an den Häusermauern entlang. Sie blickten in die Abendröte, und ihnen war, als müßten sie immer weitergehen, bis hinein in das Sonnenfeuer, um dort, wer weiß, vielleicht nur zu schlafen. Die Häuser, die mit der Front nach Westen standen, waren unten an der Straße ganz grau, grau in Dämmerung begraben und nach oben hin wurde es immer heller, so daß der First in fahlem Licht erglänzte. Und den Kindern war es, als stünden da lauter Riesen, Leib an Leib, die mit bleichen Stirnen hinausguckten ins abendliche Land.«

Ein Jahr später konnte der 15-jährige Jakob eine kleine Erzählung in einer Fürther Zeitung unterbringen – ein riesiger Erfolg für ihn. Doch statt zuhause Lob zu ernten, gab es »schlimme Szenen, Vorwürfe, Drohungen, Beschimpfungen, Hohn ... Der Vater aber wurde mein unerbittlicher Verfolger, und die Frau seine getreue Spionin, so daß ich keine ruhige Arbeitsstunde mehr fand und des Nachts bisweilen bei Mondschein das Bett verließ und am Fenster in einem leidenschaftlichen inneren Zustand, Blatt um Blatt vollschrieb.« Seine Stiefmutter verbrannte seine Manuskripte, wodurch sich Jakobs Weltsicht, die ohnehin durch den frühen Tod der Mutter getrübt war, weiter verdüsterte.

Im Hof des Anwesens richtete der Vater, der sich wiederholt um eine geschäftliche Existenz bemühte, die »Wassermannsche Chatouillen-Schreinerei« ein, doch was so hoffnungsfroh begann, wurde durch die Geschäftsuntüchtigkeit des Vaters und vor allem durch einen verheerenden Brand, dem die gesamte Fabrikation zum Opfer fiel, vernichtet.

Nach diesem Fiasko zog die Familie 1889 in die Schwabacherlandstraße, heute Schwabacher Straße 123.

Wir gehen die Mathildenstraße weiter in Richtung Hirschenstraße. An der schräg gegenüberliegenden Ecke liegt die ehemalige Königliche Realschule.

12 Königliche Realschule Schule von Jakob Wassermann Ecke Hirschen-/Mathildenstraße

1883–1889 besuchte Jakob Wassermann die im Ottoschulhaus untergebrachte Königliche Realschule. Viel Freude hatte er dort nicht. Als seine erste Erzählung veröffentlicht worden war, wurde er zum Rektor zitiert und »wegen verbotener Publikation zu zwölfstündigem Karzer verurteilt«. In *Engelhart oder Die zwei Welten* heißt es dazu: »Keine wohlmeinende und freundliche Gestalt trat ihm unter seinen Lehrern entgegen. Es waren Männer, die nicht einen Beruf erfüllten, sondern ein Amt innehatten. Sie kümmerten sich nicht um die Seele, sondern nur um die Kenntnisse der Knaben ... Was sie lehrten, blieb tot: Regeln, Formeln, Zahlen, Register.«

Jakob Wassermann verließ 1899 Fürth, um nach Wien zu gehen. Später sollte er in München Sekretär von Ernst von Wolzogen und Redakteur beim *Simplizissimus* werden. Noch dreimal besuchte Jakob Wassermann Fürth: 1903 kam er, um an das Grab der Mutter zu gehen, 1922 im Rahmen einer Vortragsreise und 1926 zu einer Lesung im Berolzheimerianum. Thomas Mann hat seinen Lebensweg wie folgt beschrieben: »Er kam von unten, aus Notdurft, Dunkel, Entbehrung. Dann ging es, dank seiner enormen Begabung, steil in die Höhe zur glänzenden und hofierten Lebensform eines Welt-Stars des Romans.«

Damit schließt der Rundgang durch die Fürther Altstadt. Über die A 73 können wir nach Nürnberg zurückkehren.

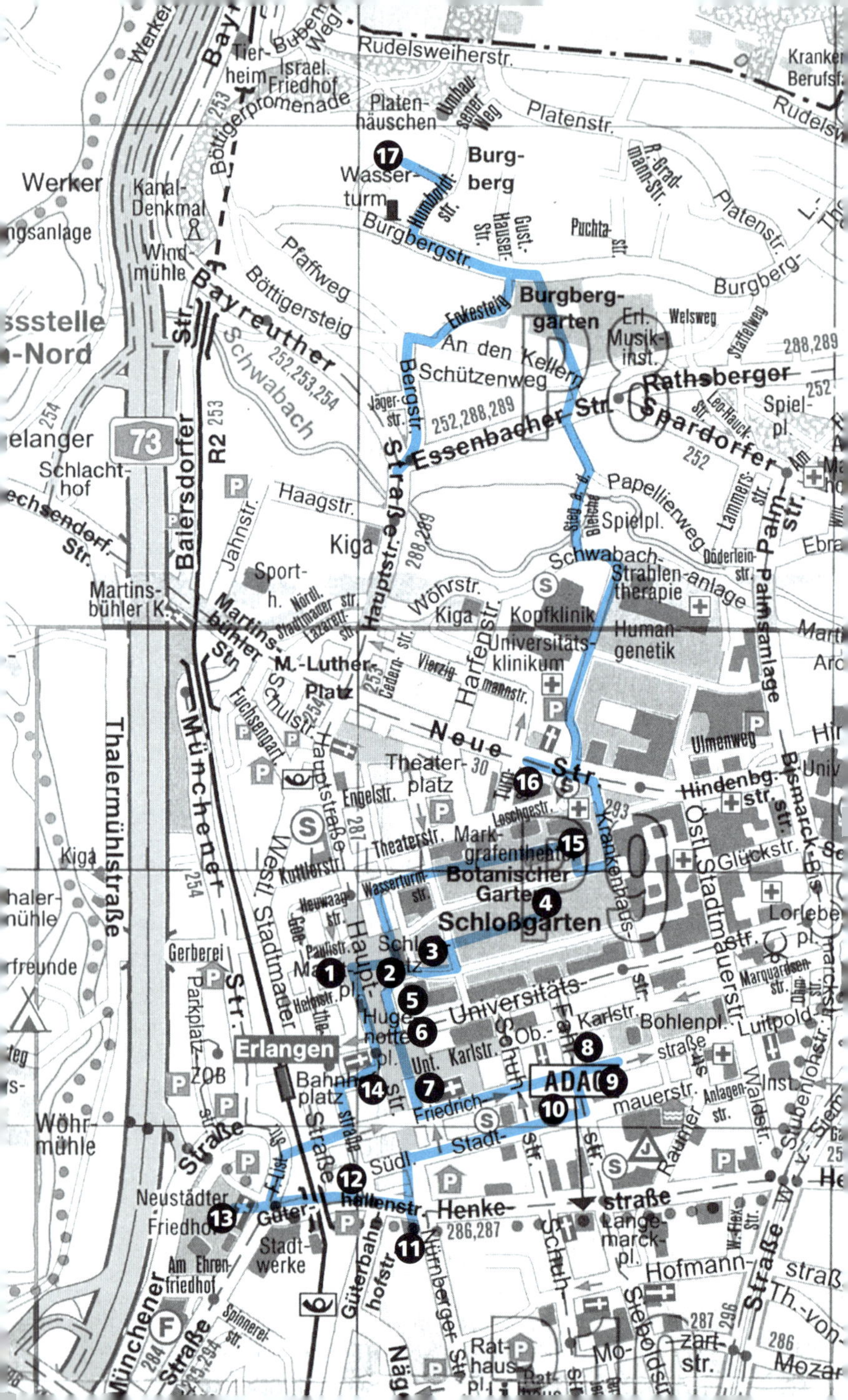

Rudelsweiherstr.
Platenstr.
Burgberg
Wasserturm
Burgbergstr.
Burgberggarten
Erl. Musikinst.
An den Kellern
Schützenweg
Rathsberger Str.
Spardorfer
Essenbacher Str.
Bergstr.
Bayreuther Str.
Böttigersteig
Pfaffweg
Schwabach
Werker
Kanal-Denkmal
Windmühle
Schlachthof
Baiersdorfer
Haagstr.
Kiga
Sport-h.
Papellierweg
Spielpl.
Schwabach-anlage
Strahlentherapie
Kopfklinik
Universitätsklinikum
Humangenetik
Wöhrstr.
Hauptstr.
Martinsbühler Str.
M.-Luther-Platz
Neue Str.
Theaterplatz
Hindenbg.-str.
Theaterstr.
Markgrafentheater
Botanischer Garten
Schloßgarten
Krankenhausstr.
Universitätsstr.
Östl. Stadtmauerstr.
Bohlenpl.
Luitpoldstraße
Hugenottenpl.
Unt. Karlstr.
Ob. Karlstr.
Friedrichstr.
ADAC
Bahnhofplatz
Erlangen
Südl. Stadtmauerstr.
Henkestraße
Güterhallenstr.
Neustädter Friedhof
Stadtwerke
Langemarckpl.
Hofmannstraße
Nürnberger Str.
Münchener Straße
Thalermühlstraße
Wöhrmühle
Gerberei
Parkplatz
ZOB
Rathauspl.
Mozartstr.
Palmsanlage
Bismarckstr.
Ulmenweg
Glückstr.
Raumerstr.
Waldstr.
Spinnereistr.
Am Ehrenfriedhof

3. Erlangen

Erlangen erhielt 1398 das Stadtrecht und kam bald danach unter die Herrschaft der Burggrafen von Nürnberg aus dem Hause Hohenzollern, der späteren Markgrafen von Brandenburg-Bayreuth, deren Nebenresidenz die Stadt später wurde. Ab 1698 entstand eine eigenständige Neustadt, in der die aus Frankreich flüchtenden calvinistischen Protestanten, die Hugenotten, aufgenommen wurden. Die Neustadt ebenso wie die nach dem Brand von 1706 wieder errichtete Altstadt zeichnet sich durch eine regelmäßige Bauweise der Straßen aus. Einen wichtigen Einschnitt in der Geschichte der Stadt stellte die Gründung der Universität 1743 dar, die auch nach dem Anschluss der Markgrafschaft an Preußen 1792 und an Bayern 1810 beibehalten wurde, da sie im bayerischen Königreich als Ausbildungsstätte protestantischer Theologen und Lehrer unabdingbar war. Eine ausführliche Beschreibung des alten Erlangen und seiner Umgebung findet sich in Ernst Moritz Arndts Beschreibung seiner Reise nach Wien 1798.

Die kleine Stadt vergrößerte sich Ende des 19. Jahrhunderts durch die Industrialisierung, besonders aber nach dem Zweiten Weltkrieg durch die Ansiedelung des Unternehmens Siemens und ist seitdem eine kleine Großstadt.

Auch für das literarische Leben in der Stadt hatte die Universität große Bedeutung. Viele Dichter und Philosophen lehrten oder studierten hier, für die allermeisten war Erlangen jedoch nur eine Durchgangsstation in ihrem Leben. Mehrere »Dichterhäuser« sind in der wenig zerstörten Innenstadt noch erhalten, bei einigen jedoch wird es uns ergehen wie schon dem Schriftsteller Ernst Penzoldt, der über sein zu seinen Lebzeiten bereits abgerissenes Kindheitshaus in der Güterhallenstraße 12 geschrieben hat: »Wenn ich wieder einmal in meine Heimat komme und mich jemand fragt, wo bist du eigentlich geboren, dann werde ich mit dem Finger nach oben zeigen und sagen, dort ungefähr, fünf Meter vom Erdboden, wo eben der Zitronenfalter fliegt, dort etwa muß es wohl gewesen sein.«

Wir beginnen den Stadtrundgang im Zentrum, wo Marktplatz und Schloßplatz aneinanderstoßen.

1 Wohnhaus von August von Platen Marktplatz 4

Am Haus an der Westseite des Marktplatzes befindet sich in Höhe des zweiten Stockwerks die Gedenktafel für August Graf v. Platen-Hallermund (1796–1835) aus Ansbach, der hier, unterbrochen von einer Italienreise im Jahre 1824, vom 24. Oktober 1819 bis zum 3. September 1826 wohnte. Von Würzburg aus kam der zum Studium beurlaubte Offizier nach Erlangen. Im Herbst 1826 trat er, ausgestattet mit einem kleinen Ehrensold seines Königs Ludwig I., eine weitere längere Reise nach Italien an und verstarb 1832 in Syrakus plötzlich an einer Überdosis von Medikamenten, die er gegen eine Cholera-Epidemie eingenommen hatte.

Platen verfasste kunstvolle, formenstrenge Gedichte, die heute wieder Anerkennung finden, und Theaterstücke, von denen als einziges *Treue um Treue* zu seinen Lebzeiten aufgeführt wurde, am 18. Juni 1825 im Erlanger Markgrafentheater. Platens ausführliches Tagebuch gibt einen guten Überblick über seinen Erlanger Aufenthalt, seine reichhaltige Lektüre und seine persönliche Lebensproblematik als homophil veranlagter Mann. 1824 reiste Platen ohne Erlaubnis nach Italien und musste dieses Dienstvergehen mit einer Gefängnisstrafe büßen, die er in Nürnberg absaß. Ab 1826 lebte er an verschiedenen Orten in Italien. Er starb 1835

in Syrakus infolge einer Überdosis an Medikamenten, die er bei einer Epidemie eingenommen hatte (vgl. auch S. 17 f., 148).

An den Marktplatz schließt sich östlich der Schloßplatz an.

2 Gedenkstein an die Bücherverbrennung 1933 Schloßplatz

In das Pflaster des Schloßplatzes hat man, einige Meter vor dem Denkmal des Universitätsgründers Markgraf Friedrich von Brandenburg-Bayreuth entfernt, eine leicht zu übersehende, von Helmut Lederer geschaffene Bronzeplatte zum Gedenken an die dort stattgefundene Bücherverbrennung eingelassen, mit einem lakonisch klingenden und sprachlich doppeldeutigen Text: »Hier wurden 1933 Bücher verbrannt.«

Es waren mehr als 1500 Bücher, davon etwa 120 aus der Universitätsbibliothek gestohlene, die am 12. Mai 1933, zwei Tage später als an anderen Orten, öffentlich verbrannt wurden, woran sich viele Studenten und Pro-

August Graf von Platen. Ölbild, um 1830

Erlangen, Partie im Schlossgarten

fessoren der Universität eifrig beteiligten.

Am Schloßplatz steht auch das ehemals markgräfliche Schloss.

3 Schloss/Universität
Schloßplatz

Das Schloss wurde in der Zeit zwischen 1700 und 1704 ursprünglich für den Erbprinzen Georg Wilhelm erbaut und dann von Markgraf Christian Ernst 1703 für seine Frau Elisabeth Sophie erworben. Es diente kurzzeitig als fürstlicher Aufenthalt, dann als Witwenresidenz des markgräflichen Hauses und brannte 1814 völlig aus.

Ab 1825 wurde es – wieder aufgebaut – Sitz der Friedrich-Alexander-Universität Erlangen. Unter den Studenten, die in diesem Gebäude lernten, finden sich zahlreiche bekannte Schriftsteller. Neben Graf August von Platen (vgl. S. 127), Walter Flex (vgl. S. 142) und Ernst Penzoldt (vgl. S. 144) studierte 1888–1890 in Erlangen auch der oft als »Urbayer« bezeichnete satirische Schriftsteller Ludwig Thoma (1867–1921). Alfred Kantorowicz (1899–1979), ein streitbarer Literat und Journalist, Teilnehmer am Spanischen Bürgerkrieg, schrieb 1929 ein Theaterstück mit dem Titel *Erlangen* über den an der Erlanger Universität, an der er promovierte, herrschenden Ungeist des aufkommenden Nationalsozialismus. Nach dem Zweiten Weltkrieg studierten und lehrten hier u. a. die Schriftsteller Walter Höllerer, Hans Bender, Hans Magnus Enzensberger, Peter Horst Neumann, Ginka Steinwachs, Fitzgerald Kusz, Gerhard C. Krischker, Karl Corino, Michael Zeller, Angela Schrobsdorff und Klaus Roehler, Ehemann der Nürnberger Autorin Gisela Elsner.

Wir gehen links am Schloss vorbei in den Schlossgarten.

4 Schlossgarten
Schloßplatz, Universitätsstraße

Unter den hier erhaltenen Denkmälern befindet sich ein Brunnen im Jugendstil, der am 4. Januar 1904 nach einem Entwurf von Theodor Fischer zum Gedenken an den in Erlangen lehrenden Orientalisten und Dichter Friedrich Rückert errichtet wurde.

Die Rückwand ziert ein Vers aus Rückerts Dichtung *Die Weisheit des Brahmanen* (1836–39), dessen Lektüre bei manchen Lichtverhältnissen hohe Konzentration erfordert, da er gleichsam in Negativschrift gemeißelt ist: »Je mehr die Liebe gibt, je mehr empfängt sie wieder; darum versiegen nie des echten Dichters Lieder. Wie sich der Erdschooß nie erschöpft an Lust und Glück; denn alles was er gibt, fließt auch in ihn zurück.«

Hier findet alljährlich am letzten Augustwochenende das »Poetenfest« statt, eines der schönsten und größten Literaturfestivals des Landes.

Wir verlassen den Schlossgarten wieder und gehen zurück bis zum Schloßplatz. An der Ecke Schloßplatz/ Halbmondstraße befand sich das Consilienhaus.

5 Ehemaliges Consilienhaus Ausbildungsort von Friedrich Nietzsche Schloßplatz 1/ Ecke Halbmondstraße

Hier leistete vom 23. August 1870 bis zum 7. September 1870 der noch junge deutsche Philosophieprofessor Friedrich Nietzsche (1844–1900), der von seiner Universität in Basel keine Erlaubnis für den Militärdienst mit Waffen erhalten hatte, eine zweiwöchige Ausbildung für den Sanitätsdienst im Krieg beim »Verein für Felddiakonie« ab. Er wurde daraufhin einem Verwundetentransport zugeteilt, zog sich jedoch alsbald Ruhr und Diphtherie zu und wurde zurück nach Erlangen in das im Gasthof »Walfisch« eingerichtete Lazarett gebracht. Am 14. September 1870 wurde er aus dem Militärdienst entlassen.

Nach Abschluss seiner Lehrtätigkeit lebte er in der Schweiz und Italien als Schriftsteller. Seit seinem psychischen Zusammenbruch 1889 verbrachte er seine letzten Lebensjahre in geistiger Umnachtung in Naumburg und Weimar. Mehr als andere Philosophen nahm Nietzsche mit seiner Lebens- und Machtphilosophie, aber auch seiner Zeit- und Religionskritik Einfluss auf die jüngere Generation der Intellektuellen seiner Zeit.

Wir gehen durch die Halbmondstraße bis zum Hugenottenplatz, wenden uns nach rechts zur Hauptstraße und gehen diese etwa 100 Meter nach links. Auf der linken Straßenseite sehen wir direkt vor dem Neustädter Kirchplatz am Eckhaus den Hinweis auf die Ritterakademie, den ersten Bau der Universität.

Ludwig Tieck

Christian Daniel Schubart. Gemälde von Edlingen

Wilhelm Heinse. Gemälde von Johann Friedrich Eich

6 Alte Universität Hauptstraße 14–18

Die Universität wurde 1743 in der vormaligen »Ritterakademie« eröffnet und bestand hier bis 1825, bis zum Umzug ins Schloss. Eine Reihe von Autoren besuchte die »Alte Universität«, und es lehrten manche Professoren, die in der Literaturgeschichte eine Rolle gespielt haben, wie Schelling (vgl. S. 143), Rückert (vgl. S. 143 f.) und Fichte (vgl. S. 144). Zu den Studenten gehörten vor allem die beiden späteren Dichter der Frühromantik, die Berliner Ludwig Tieck (1773–1853) und Wilhelm Heinrich Wackenroder (1773–1798), die das Sommersemester 1793 in Erlangen verbrachten. Sie unternahmen von hier aus viele Ausflüge in die Umgebung. Vor allem der schwärmerische Wackenroder hat in seinen Beschreibungen von Nürnberg und Bamberg seine Begeisterung für die mittelalterliche Welt zum Ausdruck gebracht und wurde damit zu einem Wegbereiter romantischer Kunst- und Naturanschauung.

Der Schwabe Christian Friedrich Daniel Schubart (1739–1791) studierte in Erlangen 1758 Theologie. Der bedeutende Lyriker zwischen Empfindsamkeit und Sturm und Drang war ein scharfer Kritiker des fürstlichen Absolutismus und musste in seiner Heimat auf dem Hohenasperg bei Ludwigsburg viele Jahre im Gefängnis zubringen. Wilhelm Heinse (1746–1803), der 1772 in Erlangen studierte, wurde zu einem wichtigen Vertreter klassischer Kunsttheorie und erlangte mit seinem sinnenfrohen Roman *Ardinghello und die glückseligen Inseln* (1787) eine gewisse Berühmtheit. Johann Peter Hebel (1760–1826), der 1778–1780 in Erlangen Theologie belegte, wurde besonders in seiner alemannischen Heimat als Verfasser von Mundartgedichten und im ganzen Land mit seinen *Kalendergeschichten* (1811) hoch geschätzt. Karl Julius Weber (1767–1832), der 1786–1789 in Erlangen Jura studierte, war ein bedeutender Verfasser von literarisch-satirischen Reiseberichten. Georg Friedrich Rebmann (1768–1824) aus Sugenheim wurde bereits als Zwölfjähriger in Erlangen immatrikuliert. Er verfasste 1792 seine *Briefe über Erlangen*, in denen er scharfe Kritik an Stadt und Universität übte. Rebmann war Republikaner und Sympathisant der Französischen

Revolution und trat später in den bayerischen Staatsdienst ein.

Wir gehen weiter die Hauptstraße entlang und biegen hinter der Neustädter Kirche in die Friedrichstraße, in der viele historische Gebäude erhalten geblieben sind. An mehreren erinnern Gedenktafeln an ihre berühmt gewordenen ehemaligen Bewohner. Auf der linken Seite finden wir das Wohnhaus von Walter Flex.

7 Wohnhaus von Walter Flex Friedrichstraße 16

Der gebürtige Eisenacher Walter Flex (1887–1917) studierte 1906–1910 Germanistik und Philosophie in Erlangen. Geprägt durch den nationalkonservativen Flügel der Wandervogelbewegung und von einer schwärmerisch-patriotischen Gesinnung getragen, suchte der Corpsstudent in der Fronterfahrung des Ersten Weltkriegs das ersehnte Gemeinschaftserlebnis. Seine Schrift *Der Wanderer zwischen beiden Welten* (1917) avancierte zum Kultbuch der national gesinnten Jugend seiner Generation. Es wird eingeleitet von dem Gedicht *Wildgänse rauschen durch die Nacht*, das in der Vertonung von Robert Götz ein bekanntes Fahrtenlied geworden ist. Der Lobredner soldatischen Lebens starb bei Kämpfen auf der Insel Ösel. Sein Werk wurde von den Nazis vereinnahmt, fand aber auch noch nach dem Zweiten Weltkrieg vielfach Platz im Unterricht deutscher Schulen.

Wir gehen weiter und finden auf der rechten Seite das Wohnhaus von Gotthilf Heinrich Schubert.

8 Wohnhaus von Gotthilf Heinrich von Schubert Friedrichstraße 37

Der Arzt und Naturphilosoph Gotthilf Heinrich von Schubert (1780–1860) war ebenfalls ein wichtiger Anreger der Romantiker, etwa von E. T. A. Hoffmann. Seine Schrift *Ansichten von der Nachtseite der Naturwissenschaft* (1808) war ein Standardwerk damaliger Esoteriker und Spiritualisten. Nach seiner Tätigkeit als Leiter der Nürnberger Realschule wurde er Professor für Literaturgeschichte in Erlangen und lebte 1819–1827 in diesem Hause, bis er einen Ruf nach München erhielt.

Schräg gegenüber, Ecke Friedrich-Straße/Fahrstraße, sehen wir das Bünausche Palais.

Lili Schönemann. Pastellbild von F. B. Frey, 1782

Das Egloffsteiner Palais, Wohnhaus von Friedrich Rückert

9 Bünausches Palais Wohnhaus von Lili Schönemann und Friedrich W. J. von Schelling Friedrichstraße 28

In diesem Haus fand Goethes Jugendliebe Lili Schönemann (1758–1817) mit ihrer Familie – dem Ehemann und fünf Kindern – zur Revolutionszeit auf der Flucht aus Straßburg vorübergehend Quartier. Im selben Hause wohnte wenig später, 1821–1827, auch der Naturphilosoph Friedrich Wilhelm Josef von Schelling (1775–1854), an den eine Gedenktafel erinnert. Schelling war einer der wichtigsten Anreger der deutschen Romantik überhaupt. Seine Vorlesungen, die er ab 1821 in Erlangen hielt, waren für damalige Verhältnisse wahre Massenveranstaltungen. Er führte einen Salon für Gelehrte, bei dem auch August von Platen zu Gast war, bis der Philosoph 1827 nach München berufen wurde (vgl. auch S. 17 f.).

Wir gehen vom Eckhaus ein paar Schritte zurück, biegen in die Straße stadtauswärts ein und gelangen an der nächsten Kreuzung zur Südlichen Stadtmauerstraße, in die wir rechts einbiegen, bis wir zum ausgedehnten, mit grau gewordenen Sandsteinen erbauten Egloffsteiner Palais (Nr. 28) kommen. Hier wohnte der Dichter Friedrich Rückert mit seiner großen Familie die längste Zeit während seines Erlanger Aufenthalts. An der Hausfront ist eine Gedenktafel eingelassen, im Durchgang zum Innenhof findet sich eine Informationstafel mit Daten zu Rückerts Erlanger Aufenthalt.

10 Wohnung von Friedrich Rückert Südliche Stadtmauerstraße 28

In den Jahren 1830–1837 lebte die Familie Rückert hier im Rückgebäude des Egloffsteiner Palais, das auch von der Friedrichstraße 17 aus betreten werden kann. Friedrich Rückert (1788–1866), geboren in Schweinfurt und gestorben in Neuses bei Coburg, lehrte 1826–1841 in Erlangen Orientalistik (vgl. S. 139). Der Coburger Bibliothekar und Reiseschriftsteller

Gustav von Heeringen schrieb in seinen *Wanderungen durch Franken* (um 1840): »Erlangen ist nicht mehr die Residenz eines Markgrafen, aber die Friedrich Rückerts.«

Weitere Rückert-Wohnungen in Erlangen waren: 1826/27 in der Dreikönigstraße 1/3 (damals Haus 61), 1827–1830 in der Goethestraße 5–7, 1837/38 in der Goethestraße 23 (Haus 146) und 1838–1841 in der Südlichen Stadtmauerstraße 40.

Wir folgen nun der Südlichen Stadtmauerstraße bis zur Hauptstraße, die sich ab hier nach links als Nürnberger Straße fortsetzt. Hinter der Kreuzung Güterhallenstraße/Henkestraße findet sich zur Rechten das Haus Nr. 9, in dem u. a. das Kunstmuseum Erlangen untergebracht ist.

11 Kunstmuseum Erlangen Wohnhaus von Johann Gottlieb Fichte Nürnberger Straße 9

Johann Gottlieb Fichte (1762–1814) war einer der philosophischen Hauptvertreter des deutschen Idealismus nationaler Prägung. Er war Professor in Jena und Berlin, dann Professor für spekulative Philosophie an der damals preußischen Universität Erlangen, wo er im Sommersemester 1805 Vorlesungen hielt. Er verfasste, nach Berlin zurückgekehrt, eine Denkschrift *Ideen für die innere Organisation der Universität Erlangen* (1805/06).

Wir gehen zurück zur Kreuzung und biegen links in die Güterhallenstraße ein. Unter den längst abgerissenen Häusern in der Nähe der Relikte der Stadtmauer und der Bahnunterführung befand sich auf der rechten Seite auch das Haus Güterhallenstraße 12, in dem der in Erlangen geborene Schriftsteller und Bildhauer Ernst Penzoldt seine Kindheit verlebte.

12 Ehemaliges Wohnhaus von Ernst Penzoldt Güterhallenstraße 12

Ernst Penzoldt (1892–1955) wurde als Sohn des angesehenen Medizinprofessors Franz Penzoldt in Erlangen geboren und lebte hier bis zum Abitur. Über das Haus seiner frühen Kindheit schrieb er, Jahre nach dem Abbruch, beim Anblick eines Zeitungsartikels, der den Abriss meldete: »Ehedem war es ein freundliches Haus, aus dem weißen Sandstein gebaut, wie er dortzulande gebrochen wird, aber auf dem Bilde, das jenem Zeitungsausschnitt beigedruckt war, sieht es düster, fast unheimlich aus, geschwärzt von Ruß und Rauch der Lokomotiven … Es ist nur neunzig

Johann Gottlieb Fichte. Kohlezeichnung von Friedrich Bury, um 1800

Ernst Penzoldt

Jahre alt geworden, kein Alter für ein rechtschaffenes Haus.«

Er studierte in Weimar und Kassel Bildhauerei und begann im Ersten Weltkrieg mit ersten literarischen Versuchen. Ab 1919 lebte er in München, wo er später als dramaturgischer Berater des Residenztheaters tätig war. Zwischen 1929 und 1932 war er in gerichtliche Auseinandersetzungen verstrickt, weil der Erlanger Turnlehrer Lorenz Loch glaubte, sich in dem deutschnationalen Lehrer »Loch« aus der Novelle *Etienne und Luise* (1929) wiederzuerkennen. Auch Penzoldts Roman *Der Zwerg* (1927) benutzt Erlangen als Kulisse. Sein erfolgreichstes Buch, der Schelmenroman *Die Powenzbande. Zoologie einer Familie* (1930), nennt als Schauplatz »Mössel an der Maar«, das aber eindeutig Züge seiner Geburtsstadt Erlangen aufweist.

Am späteren Wohnhaus der Familie Penzoldt in der Hindenburgstraße 44, etwas außerhalb der Altstadt gelegen, ist eine Gedenktafel für den Dichter und Bildhauer angebracht. Der mit zahlreichen Preisen und Mitgliedschaften bedachte Literat, Künstler und Pazifist verstarb 1955 in München. Sein bildnerischer Nachlass wird im Erlanger Stadtmuseum aufbewahrt.

Nachdem wir die Bahn unterquert haben, stehen wir direkt vor dem Neustädter Friedhof, den wir durch den Haupteingang betreten.

13 Neustädter Friedhof Äußere Brucker Straße 26

Gleich hinter der Kapelle findet man das Grab von Friedrich Rückerts Kindern Ernst und Luise, die im Winter 1829/30 kurz hintereinander an den Folgen einer Scharlacherkrankung starben. Seine Trauer verarbeitete der Dichter in mehreren hundert *Kindertodtenliedern* (1833/34), von denen Gustav Mahler einige vertonte. Die Gedichte bezeichnete Hans Wollschläger als »die größte Totenklage der Weltliteratur«. Auf dem Grabstein zwischen einer Birke liest man eines der Lieder: »Die von mir das Leben hatten / Haben es zu früh verloren, / Soll die Mutter ihrem Gatten / Haben sie umsonst geboren / Nein, ich hab es mir geschworen / Euer Leben fortzudichten / Daß mir nichts es kann vernichten.«

Links von der Kirche sieht man an dem der Mauer nächst gelegenen Weg das mit einem Grabstein in lateinischer Sprache versehene Grab von Per Ulrik Kernell (1797–1824), einem romantischen Dichter aus Schweden. Er kam im August 1823 nach Erlangen, um den Philosophen Schelling aufzusuchen, und befreundete sich mit August von Platen und Gotthilf Heinrich von Schubert. Während dieser Zeit wohnte er im »Gasthaus zum Walfisch«, wo er bald einem Lungenleiden erlag.

Wir verlassen den Friedhof und wenden uns nach links in die Friedrich-List-Straße. In der folgenden Kurve biegen wir nach rechts in eine Bahnunterführung ab und wenden uns gleich nach links zum Bahnhofsplatz und zur Hugenottenkirche. An dieser führt rechts die Calvinstraße vorbei. Im Haus Nr. 31 befand sich Erlangens bedeutendste Unterkunft, das »Gasthaus zum Walfisch«.

14 Ehemaliger »Gasthof zum Walfisch« Calvinstraße 31

Im 1905 abgebrochenen »Walfisch«, dem »ersten Gasthof in Hinsicht auf Eleganz und Ordnung« (E. M. Arndt), übernachtete Johann Wolfgang von Goethe auf dem Rückweg von seiner dritten Schweizer Reise und notierte: »Die Stadt ist sehr regelmäßig gebaut, schöne breite Straßen des Nachts gut beleuchtet,

das Schloss steht auf einem freien Platz, um die Stadt mehrere Gartenanlagen und Alleen.« Hier speisten August von Platen, Ludwig Tieck und Wilhelm Heinrich Wackenroder, nicht immer zu ihrer Zufriedenheit, zu Mittag, hier verstarb der schwedische Dichter Per Ulrik Kernell, und der Philosoph Friedrich Nietzsche lag hier im Lazarett.

Wir gehen ein paar Schritte weiter zum Hugenottenplatz und wenden uns nach links auf der Hauptstraße zum Marktplatz, dem Ausgangspunkt unseres Rundgangs.

Abseits des Innenstadtrundgangs finden sich weitere literarische Gedenkstätten. Von der nördlichen Seite der Hauptstraße biegen wir in die Wasserturmstraße ab. An deren Ende findet sich links das spätbarocke Markgrafentheater, in dem August von Platens Stück »Treue um Treue« 1825 uraufgeführt wurde. Geradeaus gelangen wir in den Botanischen Garten.

Gasthof zum Walfisch

Wir gehen den Hauptweg bis zu einem Institutsgebäude, biegen davor nach rechts und gleich wieder nach links ab und gelangen zu einem Rückert-Denkmal besonderer Art.

15 Figurenbeute
Botanischer Garten

Sehr selten ist es, dass man der Frau eines Dichters ein Denkmal setzt, doch haben es wenige wohl so verdient wie Luise Rückert, die ihrem Mann nicht nur den Haushalt, sondern auch sämtliche Geschäfte führte und überdies zehn Kinder gebar. In der von Birgit Jönsson 2002 geschaffenen Figurenbeute – so nennt man eine als Bienenstock gestaltete Figur – hält Luise Rückert ihre beiden in Erlangen verstorbenen Kinder Ernst und Luise an der Hand.

Wir verlassen den Botanischen Garten an der Ostseite und gelangen in die Krankenhausstraße. Diese gehen wir nach links bis zur Katholischen Kirche und von dort einige Schritte nach links bis zum Eckhaus an der Turnstraße.

16 Wohnhaus von Agnes Sapper
Katholischer Kirchenplatz 2

In diesem Haus befand sich eine der Erlanger Wohnungen der bis ins 20. Jahrhundert hinein bekannten und beliebten Jugendschriftstellerin Agnes Sapper, geborene Brater (1852–1929). Sie entstammte einer protestantisch-bildungsbürgerlichen Familie, der Großvater, der Mathematikprofessor Wilhelm Johann Andreas Pfaff, war mit Friedrich Rückert eng befreundet, der Vater Karl Brater ein bekannter Jurist und Landespolitiker. Agnes Sapper, die bis zu ihrer Heirat 1875 als Französischlehrerin in Erlangen lebte, beschreibt die Erlanger Geschichte ihrer Familie in dem Jugendbuch *Die Familie Pfäffling* (1907) und das Leben ihrer Mutter in der Biographie *Frau Pauline Brater* (1908).

Agnes Brater folgte ihrem Mann, einem Beamten und Politiker, nach Blaubeuren und zog nach dessen Tod 1898 zu ihrer Mutter nach Würzburg, wo sie bis zu ihrem Tod 1929 lebte (vgl. S. 25).

Wir gehen zurück zur Kirche und biegen hinter dieser in einen mit »Schwabachanlage, Burgberg« bezeichneten Fußweg ein, der uns an einem Klinikgebäude entlangführt. Wir überqueren eine kleine Straße und kommen halblinks auf einen Weg mit dem Wegweiser »Heinrich-Kirchner-Skulpturengarten«. Wir queren den kleinen Fluß Schwabach und die Spardorfer Straße und kommen auf einen erhöht gelegenen langgestreckten Platz. Die

Erlangen mit Burgberg

meiste Zeit des Jahres als Parkplatz benutzt, dient er jedoch seit 1755 in der Pfingstzeit als Schauplatz der berühmten Erlanger Bergkirchweih, die mehrfach bereits in August von Platens Tagebuch erwähnt wird. Wir folgen den Wegweisern zum Skulpturengarten, der mit Werken des in Erlangen geborenen Bildhauers Heinrich Kirchner (1902–1984) bestückt ist, und steigen weiter den Burgberg hinauf. Oben gelangen wir nach links zum Wasserturm und daneben auf einem beschilderten Weg zum »Platenhäuschen« am Waldrand.

17 Platenhäuschen am Altstädter Burgberg Burgbergstraße 92

Der Dichter August Graf von Platen verbrachte in den Sommermonaten des Jahres 1824 manche Tage in seinem Häuschen am Burgberg, zu dem er schon in den frühen Morgenstunden von seiner Wohnung am Marktplatz aus hinaufstieg und wo er unter anderem sein Lustspiel *Der Schatz des Rhampsinit* (1824) fertigstellte. »Die Aussicht von meinem Zimmer nach drei Seiten hin auf die Wälder und in das Rednitztal ist erfreulich«, schrieb Platen am 8. Juni 1824. Weniger erfreulich war es für den Dichter, dass eines Abends, als er bei Schellings zu Gast war, hier eingebrochen wurde.

Das Häuschen wurde 1925 von der Platengesellschaft übernommen, die dort ein kleines Museum eingerichtet hat, das 2007 gründlich renoviert wurde. Neben Büchern und Bildern findet sich hier auch eine Platenbüste, die der Dichter und Künstler Ernst Penzoldt geschaffen hat.

Auf demselben Weg oder dem parallel dazu vom Burgberg abwärts führenden Enkesteig, der an den Buchhändler und Verleger Ferdinand Enke erinnert, gelangen wir vorbei am »Alten Schießhaus«, in dem auch August von Platen gerne einkehrte, zurück in die Innenstadt.

Museen in Franken

Bad Mergentheim

Deutschordensmuseum mit Mörike-Kabinett
Schloß 16
97980 Bad Mergentheim
Telefon: 07931 52212
Fax: 07931 52669
www.deutschordensmuseum.de
info@deutschordensmuseum.de
Öffnungszeiten:
November bis März:
Dienstag bis Samstag, 14–17 Uhr
Sonntag, 10.30–17 Uhr
April bis Oktober:
Dienstag bis Sonntag, 10.30–17 Uhr
Eintritt: € 4,20

Bamberg

E.T.A. Hoffmann-Haus
Schillerplatz 26
96047 Bamberg
Telefon: 0951 2976-330
touristinfo@bamberg.info
Öffnungszeiten:
Mai bis Oktober:
Dienstag bis Freitag, 16–18 Uhr
Samstag und Sonntag, 10–12 Uhr
Eintritt: € 2,–/1,–

Staatsbibliothek Bamberg
Sondersammlung E.T.A. Hoffmann
Neue Residenz, Domplatz 8
96049 Bamberg
Telefon: 0951 95503-0
info@staatsbibliothek-bamberg.de
Öffnungszeiten:
Montag bis Freitag, 9–17 Uhr
Samstag, 9–12 Uhr
Im August geschlossen

Bayreuth

Jean-Paul-Museum
Wahnfriedstraße 1
95444 Bayreuth
Telefon: 0921 5071444
Fax: 0921 7572822
info@wagnermuseum.de
Öffnungszeiten:
September bis Juni:
Täglich, 10–12, 14–17 Uhr
Juli bis August:
Täglich, 10–17 Uhr
Eintritt: € 1,60/0,50

Rollwenzelei mit Jean-Paul-Zimmer
Königsallee 84
95448 Bayreuth
Telefon: 0921 980218 (Frau Sommer)
Zutritt nach telefonischer Voranmeldung

Coburg

Kunstsammlungen der Veste Coburg mit Lutherzimmer
96450 Coburg
Telefon: 09561 879-79
Fax: 09561 879-66
fuehrungen@kunstsammlungen-coburg.de
Öffnungszeiten:
26. März bis 4. November:
Täglich, 9.30–17 Uhr
November bis März:
Dienstag bis Sonntag, 13–16 Uhr
Eintritt: € 3,30/1,80

Friedrich-Rückert-Gedächtnisstätte
Friedrich-Rückert-Straße 13
96450 Coburg-Neuses
Telefon: 09561 66308

Erlangen

Platenhäuschen
Burgbergstr. 92 a
91054 Erlangen
Telefon: 09131 86-2219 (Stadtarchiv Erlangen)
Öffnungszeiten:
Mai bis Oktober:
Jeden ersten Sonntag im Monat, 11–17 Uhr
Eintritt frei

Fürth

Jüdisches Museum
Königstraße 89
90762 Fürth
Telefon: 0911 770577
Fax: 0911 7417896
info@juedisches-museum.org
Öffnungszeiten:
Dienstag, 10–20 Uhr
Mittwoch–Sonntag, 10–17 Uhr
Eintritt: € 3,–/2,–

Joditz

Jean-Paul-Museum
Schlegelweg 2
95189 Joditz
Telefon: 09295 8188
Zutritt nach Vereinbarung

Marktbreit

Dichterstube Ludwig Barthel
Bachgasse 19
97340 Marktbreit
Telefon: 09332 8780
Zutritt nach telefonischer Anmeldung (Dr. Hartwig Zobel)

Nürnberg

Albrecht-Dürer-Haus
Albrecht-Dürer-Straße 39
90403 Nürnberg
Telefon: 0911 231-2568
Fax: 0911 231-2443
Öffnungszeiten:
Dienstag bis Sonntag, 10–17 Uhr
Donnerstag, 10–20 Uhr
Juli bis September und in der Zeit des Christkindlesmarktes:
Zusätzlich Montag, 10–17 Uhr
Eintritt: € 5,–

Schwurgerichtssaal 600
Landgericht Nürnberg-Fürth
Eingang Bärenschanzstraße 72
90429 Nürnberg
Telefon: 0911 231-5666
Fax: 0911 231-8410
dokumentationszentrum@stadt.nuernberg.de
Führungen:
Samstag und Sonntag, 13–16 Uhr zu jeder vollen Stunde

Schweinfurt

Museum Altes Gymnasium
Martin-Luther-Platz 12
97421 Schweinfurt
Telefon: 09721 51479
museen-galerien@schweinfurt.de
Öffnungszeiten:
Dienstag bis Freitag, 14–17 Uhr
Samstag und Sonntag, 10–13 und 14–17 Uhr
Eintritt frei

Sulzbach-Rosenberg

Literaturarchiv Sulzbach-Rosenberg e. V.
Rosenberger Straße 9
92237 Sulzbach-Rosenberg
Telefon: 09661 2659; 09661 810114
info@literarturarchiv.de
Öffnungszeiten:
Dienstag bis Freitag, 9–17 Uhr
Sonntag, 14–17 Uhr
Eintritt: € 3,–/2,–

Wendelstein

Gemeindebücherei mit Adam-Scharrer-Zimmer
Marktstraße 1
90530 Wendelstein
Telefon: 09129 401-129
buecherei-wendelstein@t-online.de
Öffnungszeiten:
Montag und Donnerstag, 9–11 Uhr
Dienstag, 15–20 Uhr
Mittwoch und Freitag, 15–18 Uhr

Wermutshausen

Pfarrhaus mit Mörike-Gedenkzimmer
Wermutshausen 25
97996 Niederstetten-Vorbachzimmer
Telefon: 07932 8880
Besichtigung nach Vereinbarung

Wunsiedel

Fichtelgebirgsmuseum mit Jean-Paul-Zimmer und Karl-Sand-Zimmer
Spitalhof
95632 Wunsiedel
Telefon: 09232 2032
Fax: 09232 4948
www.fichtelgebirgsmuseum.de
info@fichtelgebirgsmuseum.de
Öffnungszeiten:
Dienstag bis Sonntag, 10–17 Uhr
Eintritt: € 2,60

Literatur- und Quellenverzeichnis

Amichai, Jehuda: Nicht von jetzt und nicht von hier. Roman. Aus d. Hebr. v. Ruth Achlama. München/Zürich 1998

Andersen, Hans-Christian: Eines Dichters Bazar. Reiseerlebnisse in Deutschland, Italien, Griechenland und dem Orient. Hg. v. Gisela Perlet. Weimar 1973

Armanski, Gerhard: Fränkische LiteraTouren. Auf den Spuren von Poeten zwischen Main und Altmühl. Treuchtlingen 1992

Bauer, Michael: Oskar Panizza. Ein literarisches Porträt. München/Wien 1984

Bernstein, Eckhard: Hans Sachs mit Selbstzeugnissen und Bilddokumenten. Reinbek 1993

Bing, Siegmund: Jakob Wassermann. Weg und Werk des Dichters. Nürnberg 1929

Bischoff, Johannes: Friedrich Rückert als Mieter der Stadt Erlangen und seine Nachbarschaft am Stadtrand 1830–1837. In: Erlanger Bausteine zur fränkischen Heimatforschung. Erlangen 1963. 10. Jg. H. 2/3, S. 57–94

Böhm, Wilhelm: Geboren in Schweinfurt. Der Schriftsteller Erhart Kästner. In: Schweinfurter Mainleite. März 2003, S. 4–12

Braun, Peter: Dichterhäuser. München 2003

Ders.: E. T. A. Hoffmann. Dichter, Zeichner, Musiker. Eine Biographie. Düsseldorf/Zürich 2004

Brunner, Horst (Hg.): Würzburg, der Große Löwenhof und die deutsche Literatur des Spätmittelalters. Wiesbaden 2004

Bruyn, Günter de: Das Leben des Jean Paul Friedrich Richter. Eine Biographie. Frankfurt a. M. 1976

Buhl, Wolfgang (Hg.): Fränkische Klassiker. Eine Literaturgeschichte in Einzeldarstellungen. Nürnberg 1971.

Ders. (Hg.): Fränkische Städte. Würzburg 1970

Ders. (Hg.): Poetisches Franken. Würzburg 1971

Conrad, Michael Georg: Der Herrgott am Grenzstein. Donauwörth 1904

Dauthendey, Annie: Würzburg in der Dichtung Max Dauthendeys. Würzburg 1936

Dauthendey, Max: Gedankengut aus meinen Wanderjahren. München 1913

Ders.: Der Geist meines Vaters. Ein Lebensbild. München 1925

Ders.: Josa Gerth. Gesammelte Werke in 6 Bänden, Bd 3. München 1925

Deschner, Karl Heinz: Dornröschenträume und Stallgeruch. Über Franken, die Landschaft meines Lebens. München 1989

Dettelbacher, Werner: Herr Walther von der Vogelweide. Würzburg 1980

Ders.: Leonhard Franks Jugend in Würzburg. Würzburg 1999

Erdmann, Jürgen (Hg.): 200 Jahre Friedrich Rückert. 1788–1866. Dichter und Gelehrter. Katalog der Ausstellung. Coburg 1988

Erlanger Stadtlexikon. Hg. v. Christoph Friederich, Bertold Frhr. von Haller und Andreas Jakob. Nürnberg 2002

Fechenbach, Felix: Der Puppenspieler. Würzburg 1968

Ferchl, Irene/Setzler, Wilfried: Mit Mörike von Ort zu Ort. Lebensstationen des Dichters in Baden-Württemberg. Tübingen 2004

Frank, Leonhard: Die Jünger Jesu. Ausgewählte Werke in 4 Bänden, Bd 2. Berlin/Weimar 1991

Ders.: Links, wo das Herz ist. München 1982

Ders.: Die Räuberbande. Ausgewählte Werke in 4 Bänden, Bd. 1. Berlin/Weimar 1991

Frey, Edmund/Heinritz, Reinhard (Hg.): Coburg aus dem »Dintenfas«. Literarische Streifzüge durch vier Jahrhunderte. Bucha b. Jena 2006

Fürst, Barbara: Nürnberg in alten und neuen Reisebeschreibungen. Düsseldorf 1990

Gasseleder, Klaus: LiteraTourLand Franken. Cadolzburg 2000

Ders.: Von Kuhschnappel in die Thebaische Wüste. Neue Blicke auf die Literatur in Franken. Geldersheim 2007

Gerstner, Hermann: Max Dauthendey und Franken. Lichtenfels 1958

Goethe in Bamberg. Jahresbericht 22/23 (2002/2003). Hg. v. Goethe-Gesellschaft Bamberg e. V. Bamberg 2004

Goldstein, Walter: Wassermann. Sein Kampf um Wahrheit. Leipzig/Zürich 1929

Gräter, Carlheinz: Mörike in Franken. Donauwörth 1974

Gräter, Carlheinz/Schmidt, Hans-Dieter: »Muß in Dichters Lande gehen …« Dichterstätten in Franken. München/Bad Windsheim 1989

Greubel, Evelyn/Vollmuth, Gudrun: Adam Scharrer. Vom fränkischen Hirtenjungen zum Arbeiterschriftsteller. Neunkirchen am Sand 1998

Hörisch, Jochen (Hg.): Ich möchte ein solcher werden wie ... Materialien zur Sprachlosigkeit des Kaspar Hauser. Frankfurt a. M. 1979
Hoffmann, E. T. A.: Werke in vier Bänden. Hg. v. Herbert Kraft u. Manfred Wacker. Frankfurt a. M. 1967
Huch, Ricarda: Gedichte. Gesammelte Werke. Hg. v. Wilhelm Emrich. Bd 5. Köln/Berlin 1971
Huerkamp, Josef/Meyer-Thurow, Georg: »Die Einsamkeit, die Natur und meine Feder, dies ist mein einziger Genuß«. Christian August Fischer (1771–1829) – Schriftsteller und Universitätsprofessor. Bielefeld 2001
Illing, Kurt (Hg.): Auf den Spuren der Dichter in Würzburg. Würzburg 1992
Immermann, Karl: Fränkische Reise. In: Autobiographische Schriften. Werke. Hg. v. Benno von Wiese. Bd 4. Frankfurt a. M. 1973
Imhoff, Christoph von (Hg.): Berühmte Nürnberger aus neun Jahrhunderten. Nürnberg 1984
Kellermann, Bernhard: Der Tunnel. Roman. Berlin 1913
Keppler, Stefan u. a.: Goethes Franken. Gunzenhausen 2005
Kleist, Heinrich von: Briefe. Werke. Brandenburger Ausgabe IV/1. Basel/Frankfurt a. M. 1996
Klüglein, Norbert: Denkmäler. Erinnerungen an berühmte Coburgerinnen und Coburger. Coburg 1995
Koeppen, Wolfgang: Proportionen der Melancholie. Drei fränkische Stadtbilder. Nürnberg, Würzburg und Bayreuth. Mit e. Nachw. v. Wolfgang Buhl. Bamberg 1997
Kommerell, Max: Jean Paul. Frankfurt a. M. 1957
Kraft, Thomas: Zwischen Bratwurst und Barock. Wien 2006
Kusch, Eugen: Nürnberg. Lebensbild einer Stadt. Nürnberg 1989
Lewandowski, Rainer: E. T. A. Hoffmann und Bamberg. Über eine Beziehung zwischen Leben und Literatur. Bamberg 1995
Ders.: E. T. A. Hoffmanns Bamberg. Bamberg 2003
Meidinger-Geise, Inge (Hg.): Erlangen 1686–1986. Kulturhistorisches Lesebuch. Erlangen 1986
Dies. (Hg.): Erlangen 1950–1980. Ein literarisches Lesebuch. Erlangen 1982
Mörike, Eduard: Eduard Mörikes Haushaltungs-Buch. Wermutshausen, Hall, Mergentheim, 16. Oktober 1843–27. April 1847. Faks. der Handschrift. Erläutert v. Hans-Ulrich Simon. Bad Mergentheim 1994
Moser, Peter: Das Album des Alois Erhardt (1859–1902). Bamberg 2002
Müller-Kampel, Beatrix: Jakob Wassermann. Eine Biographie. Wien 2007
Müller-Veith, Volker (Hg.): Das erste Würzburger Kulturbuch. Würzburg 1992
Nadolny, Sten: Ullsteinroman. München 2003
Naumann, Ursula: Charlotte von Kalb. Eine Lebensgeschichte (1761–1843). Stuttgart 1985
Dies.: Die Zukunft der Erinnerungen. Italo Svevos Schulzeit in Segnitz. Rundfunkmanuskript. Bayerischer Rundfunk, 7. September 2003
Neubauer, Martin: Jakob Wassermann. Ein Schriftsteller im Urteil seiner Zeitgenossen. Frankfurt a. M. 1994
Noack, Bernd: Mit Licht und Schatten gepflastert. Elf literarische Erkundungen. Gunzenhausen 2007
Oberhauser, Fred/Oberhauser, Gabriele: Literarischer Führer durch Deutschland. Frankfurt a. M. 1983
Ohm, Barbara: Jakob Wassermann und Fürth. Von den Wurzeln seines Werkes. Roth 1998
Panizza, Oskar: Fränkische Erzählungen. Hg. u mit e. Nachw. v. Klaus Gasseleder. Bamberg 2003
Paul, Jean: Gesammelte Werke in 3 Bänden. Hg. v. Norbert Miller. München 1969
Penzoldt, Ernst: Etienne und Luise. Novelle. Mit einem autobiographischen Nachweis. Leipzig 1929/Bamberg 1992
Ders.: Die Powenzbande. Berlin 1939
Pies, Hermann: Kaspar Hauser. Augenzeugenberichte und Selbstzeugnisse. Stuttgart o. J.
Platen, August von: Der Briefwechsel des Grafen August von Platen. Hg. v. Paul Bornstein. Bd 2. München 1914
Ders.: Tagebuch des Grafen August von Platen. Aus der Handschrift des Dichters hg. v. Georg v. Laubmann u. L. v. Scheffler. Bd 2. Stuttgart 1900
Prang, Helmut: Friedrich Rückert. Geist und Form der Sprache. Schweinfurt 1963
Radlmaier, Steffen (Hg.): Das Nürnberg-Lesebuch. Cadolzburg 1994

Reichert, Carl-Ludwig: Lieber keinen Kompaß als einen falschen. Würzburg – Wolfsgrub – Shanghai. Der Schriftsteller Max Mohr (1891–1937). München 1997
Reither, Ingmar: Geschichte zwischen den Zeilen. Die Nutzung fiktionaler Texte als geschichtliche Quellen. Schwalbach/Ts. 2005
Richter, Hans Werner: Im Etablissement der Schmetterlinge. Einundzwanzig Porträts aus der Gruppe 47. München/Wien 1968
Richter, Toni: Die Gruppe 47 in Bildern und Texten. Köln 1997
Rodewald, Dierk (Hg.): Jakob Wassermann. Ein Weg als Deutscher und Jude. Lesebuch zu einer Ausstellung. Bonn 1984
Rohmer, Ernst/Verweyen, Theodor (Hg.): Dichter und Bürger in der Provinz. Johann Peter Uz und die Aufklärung in Ansbach. Tübingen 1998
Roßdeutscher, Walter: Die Dichtersgattin Annie Dauthendey. Erinnerung an ihre Würzburger Zeit. Würzburg 2000
Ders.: Würzburgs »Neue Welt«. Refugium und Dichterwerkstatt für Max Dauthendey. In: Frankenland 57 (2005)
Rostosky, Gertraud: Max Dauthendey – wie ich ihn erlebte. Lebensbild. Hg. v. Walter Roßdeutscher. Würzburg 2004
Rückert, Friedrich: Werke. Hg. v. Hans Wollschläger u. Rudolf Kreutner. Historisch-kritische Ausgabe, »Schweinfurter Edition«. Göttingen 1998 ff.
Runge, Anita: Literarische Praxis von Frauen um 1800. Hildesheim u.a. 1997
Safranski, Rüdiger: E. T. A. Hoffmann. Das Leben eines skeptischen Phantasten. Frankfurt a. M. 1987
Ders.: Die Leiden eines Kappellmeisters. E. T. A. Hoffmanns fränkisches Intermezzo. In: Merian 7/40, S. 92–93
Salonkultur und Reiselust. Nordische und deutsche Literatur im Zeitalter der Romantik. Ein Symposion zum 200. Geburtstag von P. U. Kernell. Hg. v. Hubert Seelow. Erlangen 2000
Scharrer, Adam: Aus der Art geschlagen. Fränkische Dorfgeschichten. Hg. v. Bernd G. Bauske u. Gudrun Vollmuth. Bamberg 2006
Schelling, Caroline von: Caroline. Briefe aus der Frühromantik. Hg. v. Erich Schmidt. Bern o. J.
Schiller, Doris/Schiller, Dieter: Literaturreisen. Der Main. Stuttgart/Dresden 1994
Schmidt, Christa: »Die Heilrufe werden verstummen und die Straßen ohne Gepränge dastehen«. Ein Gedenkblatt auf den Archivar und Dichter Ludwig Friedrich Barthel. In: Literatur in Bayern. H. 53. München 1998
Schmitz, Elio/Svevo, Italo: Meine alte, unglückliche Familie Schmitz. Elios Tagebuch und andere Zeugnisse. Hg. u. aus d. Ital. v. Ragni Maria Gschwend. Wien 1999
Schneider, Michael: Der Traum der Vernunft. Roman eines deutschen Jakobiners. Köln 2001
Schrenk, Johannes: Tannhäusers Heimat. Auf den Spuren der Dichter und Denker durch das fränkische Seenland. Gunzenhausen 2003
Sebald, W. G.: Die Ausgewanderten. Frankfurt a. M. 1992
Segebrecht, Wulf (Hg.): Romantische Liebe und romantischer Tod. Über den Bamberger Aufenthalt von Caroline Schlegel, Auguste Böhmer, August Wilhelm Schlegel und Friedrich Wilhelm Schelling im Jahre 1800. Bamberg 2001
Stankiewitz, Kurt: Poeten-Pfade in Bayern. Literarische Wanderungen zwischen Alpen, Spessart und Böhmerwald. Vilsbiburg 2005
Stark, Michael: Leo Weismantel (1888–1964). Neustadt/Aisch 1986
Steidle, Hans: »Wie eine große Liebe kann man Rache nicht aufschieben«. Zum Motiv der gerechten Rache bei Leonhard Frank und Jehuda Amichai. Würzburg 1996
Ders.: Der Dichter und seine Vaterstadt. Leonhard Frank und Würzburg 1882–1932. Würzburg 2007
Strohmeyer, Arn: Dichter im Waffenrock. Erhart Kästner in Griechenland und auf Kreta 1941 bis 1945. Mähringen 2006
Svevo, Italo: Die Zukunft der Erinnerungen. Bamberg 1996
Timm, Uwe: Der Mann auf dem Hochrad. Legende. Köln 1984
Tucholsky, Kurt: Das Wirtshaus im Spessart. Gesammelte Werke. Hg. v. Mary Gerold-Tucholsky u. Fritz J. Raddatz. Bd 5. Reinbek 1985
Vollmann, Rolf: Das Tolle neben dem Schönen. Jean Paul. Frankfurt a. M. 1996
Walser, Robert: Poetenleben. Seeland. Die Rose. Das Gesamtwerk. Hg. v. Jochen Greven. Bd 3. Genf/Hamburg 1967

Warnecke, Kläre: Spaziergänge durch Richard Wagners Bayreuth. Zürich-Hamburg 2001

Wassermann, Jakob: Briefe an seine Braut und Gattin Julie. 1900–1929. Hg. v. Julie Wassermann-Speyer. Basel 1940

Wassermann, Jakob: Caspar Hauser oder Die Trägheit des Herzens. Roman. Stuttgart/Leipzig 1908

Ders.: Deutscher und Jude. Reden und Schriften 1904–1933. Hg. v. Dt. Akademie für Sprache und Dichtung Darmstadt. Heidelberg 1984

Ders.: Die fränkischen Erzählungen. Hg. v. Wulf Segebrecht. Bamberg 1995

Ders.: Das Gänsemännchen. Roman. München/Wien 1915

Ders.: Die Juden von Zirndorf. Roman. München 1897

Ders.: Schläfst Du Mutter? Novelle. München o. J.

Wassermann-Speyer, Julie: Jakob Wassermann und sein Werk. Wien/Leipzig 1923

Weismantel, Leo: Totenklage über eine Stadt. In: Merian. Städte und Landschaften, H. 1. Heidelberg 1948

Leo Weismantel. Leben und Werk. Ein Buch des Dankes zu des Dichters 60. Geburtstag. Berlin 1948

Wilkes, Johannes: Alle Wege führen nach Nürnberg. Dichter auf der Durchreise. Cadolzburg 2003

Ders.: Kant kam nicht. Dichter und Denker in Erlangen. Erlangen 2001

Wittkop-Ménardeau, Gabrielle: E. T. A. Hoffmann in Selbstzeugnissen und Bilddokumenten. Reinbek 1979

Ziegler, Peter: Prominenz auf Promenadenwegen. Kaiser, Könige, Künstler, Kurgäste in Bad Kissingen. Würzburg 2004

Bildnachweis

Aus: Ernst Behler, Friedrich Schlegel in Selbstzeugnissen und Bilddokumenten. Reinbek b. Hamburg 1966 S. 29, 58 li.u. re. – Aus: Raymond J. Benders/Stephan Oettermann (Hg.), Friedrich Nietzsche. Chronik in Bildern und Texten. München/Wien 2000 S. 146 (Stadtarchiv, Erlangen) – Aus: Eckhard Bernstein, Hans Sachs mit Selbstzeugnissen und Bilddokumenten. Reinbek b. Hamburg 1993 S. 106 (Germanisches Nationalmuseum, Nürnberg) – Aus: François Bondy/Ragni Maria Gschwend, Italo Svevo. Reinbek b. Hamburg 1995 S. 40 – Aus: Wolfgang Buhl (Hg.), Fränkische Klassiker. Eine Literaturgeschichte. Nürnberg 1971 S. 13, 14, 50, 111, 118, 119 li., Mitte u. re., 145 – Aus: Werner Dettelbacher, Herr Walther von der Vogelweide. Würzburg 1980 S. 16 – Aus: Deutsche Literaturgeschichte in Bildern II. Leipzig 1971 S. 132 – Aus: Hermann F. Dollinger (Hg.), Platens Antlitz. Bildnisse und zeitgenössische Berichte über die persönliche Erscheinung Platens. Berlin/Erlangen 1927 S. 17 li., 138 – Aus: Jürgen Erdmann (Hg.), 200 Jahre Friedrich Rückert (1788–1866). Dichter und Gelehrter. Ausstellungskatalog. Coburg 1988 S. 46 li. (Stadtarchiv Schweinfurt), 46 re. (Universitätsbibliothek Erlangen, Nachlass Friedrich Reuter), 78 (Stadtarchiv Coburg), 81 (Kunstsammlungen der Veste Coburg), 143 (Stadtarchiv Coburg) – Aus: Irene Ferchl/Wilfried Setzler, Mit Mörike von Ort zu Ort. Lebensstationen des Dichters in Baden-Württemberg. Tübingen 2004 S. 43 li. u. re. (Dt. Literaturarchiv, Marbach a. N.) – Aus: Charlott Frank, Sagen, was noch zu sagen ist. Mein Leben mit Leonhard Frank. München 1982 S. 23 – Aus: Fürther Spaziergänge. Stadt Fürth S. 130, 131 – Aus: Hermann Gerstner, Max Dauthendey und Franken. München 1958 S. 11 re. – Aus: Martin Gregor-Dellin, Richard Wagner. Eine Biographie in Bildern. München/Zürich 1982 S. 26 li. u. re. u. 75 (Nationalarchiv der Richard-Wagner-Stiftung/Richard-Wagner-Gedenkstätte, Bayreuth) – Aus: Ulrich Häussermann, Friedrich Hölderlin in Selbstzeugnissen und Bilddokumenten. Reinbek b. Hamburg 1961 S. 80 u. 141 li. (Dt. Literaturarchiv, Marbach a. N.), 141 re. (Gleimhaus, Halberstadt), 144 – Aus: Ulrich Helmke, E. T. A. Hoffmann. Lebensbericht mit Bildern und Dokumenten. Kassel 1975 S. 57 (E. T. A. Hoffmann-Gesellschaft, Bamberg), 60 (Staatsbibliothek Bamberg), 63 (E. T. A. Hoffmann-Gesellschaft, Bamberg), 66, 72 – Aus: Georg Heym, Der Städte Schultern knacken. Bilder Texte Dokumente. Zürich 1987 S. 30 li. u. re. – Historische Postkarten/Archiv Max Bartholl Frontispiz, S. 9, 17 re., 24, 35, 37, 41 li., 45, 47, 52, 55, 61, 67, 70, 99, 103, 107, 110, 113, 114/115, 120, 123, 125, 126, 128/129, 137, 139, 148 – Aus: Kurt Illing (Hg.), Auf den Spuren der Dichter in Würzburg. Würzburg 1992 S. 12, 22 – Aus: Christoph von Imhoff (Hg.), Berühmte Nürnberger aus neun Jahrhunderten. Nürnberg 1984 S. 117, 121 – Aus: Anita Kästner/Reingart Kästner

(Hg.), Erhart Kästner. Leben und Werk in Daten und Bildern. Frankfurt a. M. 1980 S. 49 (Privatbesitz) – Aus: Manfred Koschlig, Mörike in seiner Welt. Stuttgart 1954 S. 41 Mitte u. re., 140 (Dt. Literaturarchiv, Marbach a. N.) – Aus: Literatur in Bayern. H. 53. München 1998 S. 39, 108 – Aus: Gunter Martens, Friedrich Hölderlin. Reinbek b. Hamburg 1996 S. 53 re. (Dt. Literaturarchiv, Marbach a. N.) – Aus: Merian, Nürnberg. Heft 6 (Juni 1981) S. 114 li. – Aus: Merian, Würzburg. Heft 7 (Juli 1972) S. 19 – Aus: Christoph Michel (Hg.), Goethe. Sein Leben in Bildern und Texten. Frankfurt a. M. 1982 S. 142 – Aus: Volker Müller-Veith (Hg.), Das erste Würzburger Kulturbuch. Würzburg 1992 S. 11 li., 33 – Aus: Olympia Fulvia Morata. Das Olympia-Morata-Gymnasium und seine Schulpatronin in Bildern und Texten. Schweinfurt 1986 S. 48 – Aus: Hanns-Josef Ortheil, Jean Paul mit Selbstzeugnissen und Bilddokumenten. Reinbek b. Hamburg 1984 S. 83, 91, 96, 100 – Aus: Oskar Panizza, Das Liebeskonzil und andere Schriften. Hg. v. Hans Prescher. Neuwied/Berlin 1964 S. 51 – Aus: Carl-Ludwig Reichert, Lieber keinen Kompaß, als einen falschen. Würzburg – Wolfsgrub – Shanghai. Der Schriftsteller Max Mohr (1891 bis 1937). Hg. v. Monacensia. Literaturarchiv und Bibliothek. München 1997 S. 25 (Nachlass Max Mohr) – Aus: Toni Richter, Die Gruppe 47 in Bildern und Texten. Köln 1997 S. 38 (Heinz Naumann, Akademie der Künste, Berlin) – Aus: Gertraud Rostosky, Max Dauthendey – wie ich ihn erlebte. Lebensbild. Hg. v. Walter Roßdeutscher. Würzburg 2004 S. 32 – Aus: Hermann Schueler, Auf der Flucht erschossen. Felix Fechenbach 1894–1933. Köln 1981 S. 20 li. (Lotti Fechenbach), 68 (Bayerisches Hauptstaatsarchiv und Staatsarchiv München) – Aus: Kläre Warnecke, Spaziergänge durch Richard Wagners Bayreuth. Zürich-Hamburg 2001 S. 88 (Historisches Museum, Bayreuth), 90 (Stadtbücherei Bayreuth), 92 (Karl Meier-Gesees, Bayreuth. Ein Stadtbuch in Bildern. Bayreuth o. J.), 93 (Archiv Bernd Mayer) – Aus: Franz Wiedmann, Georg Wilhelm Hegel in Selbstzeugnissen und Bilddokumenten. Reinbek b. Hamburg 1965 S. 59, 71

Wir danken allen Rechteinhabern. In einigen Fällen ist es nicht gelungen, die heutigen Rechteinhaber zu ermitteln. Wir bitten diese, sich mit den Arche Verlagen, Zürich-Hamburg, in Verbindung zu setzen.

Biographische Notiz

Thomas Kraft, geboren 1959 in Bamberg, Studium der Neueren deutschen Literatur, Theaterwissenschaft und Philosophie in München, 1993 Promotion. 1996–1999 Programmleiter des Literaturhauses München. Seit 1992 freier Literaturkritiker, Ausstellungsmacher, Ghostwriter und Organisator kultureller Veranstaltungen. Seit 2005 Vorsitzender des Landesverbandes Bayern des Verbandes deutscher Schriftsteller in ver.di (VS) und 2005/2006 Mitglied im Bundesvorstand.

Klaus Gasseleder, geboren 1945 in Schweinfurt, Studium der Germanistik und Geschichte. 1972–1991 Lehrer in Bremen. Seit 1991 freier Schriftsteller, lebt seit 2003 in Erlangen. Schreibt Prosa, Lyrik, Rundfunkfeatures, Sachbücher und Reiseführer. Mehr als 50 Veröffentlichungen zur fränkischen Literatur- und Kulturgeschichte, zuletzt im Sammelband: *Zwischen Kuhschnappel und der Thebaischen Wüste. Neue Blicke auf die Literatur in Franken* (2007).

Personenregister

Spaziergänge bei Arche: Auf den Spuren der Literatur und Kunst

Katharina Festner/Christiane Raabe
Spaziergänge durch das **München** berühmter Frauen. 160 S. Br. 122 Abb. 7 Karten
ISBN 978-3-7160-3604-4

Wolfgang Feyerabend
Spaziergänge durch **Fontanes Berlin**
184 S. Br. 136 Abb. 6 Karten
ISBN 978-3-7160-3605-1

Wolfgang Feyerabend
Spaziergänge durch das literarische **Potsdam**. 144 S. Br. 132 Abb. 5 Karten
ISBN 978-3-7160-2343-3

Noël Riley Fitch
Die literarischen **Cafés von Paris**
Aus d. Amerikan. v. Katharina Förs u. Gerlinde Schermer-Rauwolf
91 S. Br. 45 Abb. 5 Karten
ISBN 978-3-7160-2160-6

Anna Gruber/Bettina Schäfer
Spaziergänge über den **Père Lachaise in Paris**. 166 S. Br. 134 Abb. 4 Karten
ISBN 978-3-7160-2200-9

Mary Ellen Jordan Haight
Spaziergänge durch **Gertrude Steins Paris**. Aus d. Amerikan. v. Karin Polz
152 S. Br. 107 Abb. 5 Karten
ISBN 978-3-7160-3603-7

Alexander Kluy
Spaziergänge rund um den **Bodensee** der Literaten und Künstler
144 S. Br. 91 Abb. 7 Karten
ISBN 978-3-7160-3602-0

Thomas Kraft/Klaus Gasseleder
Spaziergänge durch das **Franken** der Literaten und Künstler
168 S. Br. 106 Abb. 10 Karten
ISBN 978-3-7160-3601-3

Paul Raabe
Spaziergänge durch **Goethes Weimar**
224 S. Br. 177 Abb. 6 Karten
ISBN 978-3-7160-2256-6

Paul Raabe
Spaziergänge durch **Lessings Wolfenbüttel**. 176 S. Br. 142 Abb. 5 Karten
ISBN 978-3-7160-2228-3

Paul Raabe
Spaziergänge durch **Nietzsches Sils-Maria**. 159 S. Br. 119 Abb. 6 Karten
ISBN 978-3-7160-2182-8

Esther Scheidegger
Spaziergänge durch das **Zürich** der Literaten und Künstler
192 S. Br. 185 Abb. 8 Karten
ISBN 978-3-7160-3600-6

Cornelius Schnauber
Spaziergänge durch das **Hollywood** der Emigranten. 168 S. Br. 120 Abb. 5 Karten
ISBN 978-3-7160-2147-7

Stefanie Sonnentag
Spaziergänge durch das literarische **Capri und Neapel**
152 S. Br. 112 Abb. 9 Karten
ISBN 978-3-7160-2316-7

Cornelia Staudacher
Spaziergänge durch das literarische **Mallorca**. 144 S. Br. 89 Abb. 8 Karten
ISBN 978-3-7160-2291-7

Elisabeth Tworek
Spaziergänge durch das **Alpenvorland** der Literaten und Künstler
256 S. Br. 184 Abb. 15 Karten
ISBN 978-3-7160-2330-3

Kläre Warnecke
Spaziergänge durch **Richard Wagners Bayreuth**. 176 S. Br. 137 Abb. 8 Karten
ISBN 978-3-7160-2283-2

Hans Wißkirchen
Spaziergänge durch das **Lübeck von Heinrich und Thomas Mann**
Unter Mitarbeit v. Klaus von Sobbe
160 S. Br. 121 Abb. 5 Karten
ISBN 978-3-7160-2210-8

Heinke Wunderlich
Spaziergänge an der **Côte d'Azur** der Literaten. 192 S. Br. 108 Abb. 9 Karten
ISBN 978-3-7160-2169-9

Spaziergänge rund um den Bodensee der Literaten und Künstler

Der Bodensee – mit seinem lieblichen Klima und seinen landschaftlichen Reizen inspirierte er über die Jahrhunderte hinweg Dichterinnen und Dichter, Malerinnen und Maler, Komponisten, Philosophen und Intellektuelle. Fünf Spaziergänge rund um den Dreiländersee.

Alexander Kluy
Spaziergänge rund um den Bodensee
der Literaten und Künstler
144 Seiten. Broschur
91 Abb. 7 Karten
ISBN 978-3-7160-3602-0

Spaziergänge durch das München berühmter Frauen

Die lebendige und vielbeachtete Dokumentation weiblicher Prominenz und Präsenz aus fünf Jahrhunderten in einer aktualisierten Neuausgabe. Sieben Spaziergänge zu den Wohnungen, Ateliers, Gartenhäusern und Salons von Schriftstellerinnen und Malerinnen, Schauspielerinnen und Politikerinnen, von Münchens berühmten Frauen.

Katharina Festner/Christiane Raabe
Spaziergänge durch das München
berühmter Frauen
160 Seiten. Broschur
122 Abb. 7 Karten
ISBN 978-3-7160-3604-4

Spaziergänge durch das Zürich der Literaten und Künstler

Zürich – das sind nicht nur Friedrich Dürrenmatt in der Kronenhalle und Max Frisch im Café Terrasse. Das sind auch die Emigranten von Richard Wagner über die Dadaisten bis Therese Giehse. Und das ist mehr als Thomas Manns Kilchberg und das Baur au Lac. Sieben Spaziergänge durch die Altstadt, über den Zürichberg und rund um den Zürichsee.

Esther Scheidegger
Spaziergänge durch das Zürich der Literaten und Künstler
292 Seiten. Broschur
185 Abb. 8 Karten
ISBN 978-3-7160-3600-6

Spaziergänge durch Fontanes Berlin

Sechs Spaziergänge auf den Spuren von Theodor Fontane in der Mitte des alten Berlin. Das Panorama einer spannungsreichen Epoche Berliner und europäischer Kulturgeschichte bis in die heutige Zeit in einer aktualisierten Neuausgabe.

Wolfgang Feyerabend
Spaziergänge durch Fontanes Berlin
184 Seiten. Broschur
136 Abb. 6 Karten
ISBN 978-3-7160-3605-1

Spaziergänge durch Gertrude Stein Paris

Fünf Spaziergänge durch das Paris der Rive Gauche, zu berühmten Treffpunkten, Wohnungen, Cafés und Hotels der literarischen und künstlerischen Avantgarde am linken Seineufer zwischen 1900 und 1940. Aktualisierte Neuausgabe.

Mary Ellen Jordan Haight
Spaziergänge durch
Gertrude Steins Paris
Aus d. Amerikan. v. Karin Polz
152 Seiten. Broschur
107 Abb. 5 Karten
ISBN 978-3-7160-3603-7

Naturpark
Bayerische
Rhön
SCHWEINFURT
Naturpark
Haßberge
WÜRZBURG
Kitzingen
Ochsenfurt
Ochsenfurter
Gau
Naturpark
Steigerwald
Aischgrund
Höchstadt
Herzogenaurach
Naturpark
Windsheimer
Frankenhöhe